研学旅行

课程概论

彭其斌 编著

U0641208

山东教育出版社

图书在版编目（CIP）数据

研学旅行课程概论／彭其斌编著．－济南：山东教育出版
社，2019.2（2020.2重印）

ISBN 978-7-5701-0580-9

Ⅰ．①研… Ⅱ．①彭… Ⅲ．①文化－旅游业发展－
研究－中国 Ⅳ．①F592.3

中国版本图书馆CIP数据核字（2019）第014635号

YANXUE LÜXING KECHENG GAILUN

研学旅行课程概论 彭其斌 编著

主管单位：山东出版传媒股份有限公司
出版发行：山东教育出版社
　　　　　地址：济南市纬一路321号　邮编：250001
　　　　　电话：（0531）82092660　网址：www.sjs.com.cn
印　　刷：山东新华印务有限责任公司
版　　次：2019年2月第1版
印　　次：2020年2月第2次印刷
开　　本：710毫米×1000毫米　1/16
印　　张：10.25
字　　数：210千
定　　价：24.00元

（如印装质量有问题，请与印刷厂联系调换）印厂电话：0531-82079130

序

　　不论东汉郑玄《诫子书》"游学周秦之都""处逸大儒"，还是《北史·樊深传》"游学于汾晋间，习天文及算历之术"；不论亚里士多德年少外出求学，卢梭走遍多地结识狄德罗、伏尔泰，还是英孚教育创始人伯提·霍特（Bertil Hult）于1965年提出以练习语言、感受文化为主题的现代式游学；不论马克思、恩格斯《神圣家族》"使每个人都有必要的社会活动场所来显露他的重要的生命力"，还是毛泽东《讲堂录》"欲从天下万事万物而学之，则汗漫九垓，遍游四宇尚已"，都在证实着人与社会、个体内心与外在世界、教育与文化、教育与劳动、社会教育与学校教育不可分离。而此切入点应以研学为开源。

　　正因此，2013年国务院发布《国民休闲旅游纲要（2013—2020年）》，提出要在中小学逐步推行研学旅行，2016年教育部等11部门联合发布《关于推进中小学生研学旅行的意见》，将研学旅行纳入课程规范。研学需求日益旺盛，研学供给正扬帆起航。

　　研学也就是探究式学习（Hands-on Inquiry Based Learning）之形式。研学旅行是研究性学习和旅行体验相结合的校外教育活动，需要多学科融合开发。我们在实践中也切实感受到，正如本书所指出的，当前研学旅行还存在不少问题：研学旅行浮于表面，内涵不足，研学旅行课程设计缺乏专业性，课程实施不够规范，课程评价不够科学。但同时，又不得不回思教育系统不少行为，本应以外在大系统透视内部分系统以调整运转偏离，却往往以内部分系统视野分割外在环境提供的必要前提。研学旅行是走出教育系统迈入更宽广社会大系统之良机，是实现社会、家庭、学校融合教育之引线，是人成长回归自然、回归社会、回归劳动、回归文化、回归人类历史之正道。新时代，每一个中国人、每一位"祖国未来"都更需要以成长去感受伟大时代、伟大祖国、伟大人民、伟大实践，都需要用生命去融合于道德养成、社会责任、文化传承、知识传授。如果还仅仅以教育系统之因素囿于课程之设计、内容之填充、形式之构建、教学之评价，显然无法冲出围栏之拘禁，陷入僵化之一隅。新的研究一定是曙光崭露时陪衬着乌云，但乌云不是否认阳光存在的遮挡。切忌把研学旅行仅仅缩在一门课程视野之内，是必要善意的提醒。

本书作者彭其斌老师是山东省教育科学研究院的兼职研究员和访问学者，其扎实的教育科研理论功底和虚心好学的态度是学术活动之必需。研学旅行是社会性、历史性实践，其系统研究、运行探索绝不是单个学者所能为。但本书以课程研究为视角以期望推动学术发展之热情仍应赞赏，其尽力而为之研究仍能对不同学者有所启发。

山东省教育科学研究院院长　申培轩

2018年10月

目 录

第一节　中国与欧洲的古代游学运动

　　读万卷书，行万里路。无论在古代中国还是古代欧洲，伟大的学术先行者们的光辉思想，无一不是在学与行的结合中诞生的。中国的孔子、古希腊的亚里士多德的游学经历，可以认为是古代游学的开端，也是现代研学旅行的滥觞。

一、孔子周游列国与中国古代的游学

　　公元前497年，孔子因在鲁国无法实施政治抱负，于是率领众弟子前往卫国，开始了周游列国之行。孔子从鲁国出发，大致走了卫国、曹国、宋国、齐国、郑国、晋国、陈国、蔡国、楚国等地。公元前484年，季康子召孔子回鲁。从55岁到68岁，孔子带着他的若干亲近弟子，用了14年的时间在鲁国周边游历。

　　在国内，一般都把孔子周游列国作为我国古代游学活动的起源。孔子周游列国对于游学的意义我们应该从两方面分析认识：一方面是周游列国对孔子自身学术思想的发展和完善的作用，一方面是孔子在周游列国期间对他的学生的教学过程。

　　从孔子周游列国期间的主要活动以及言论记录来看，孔子周游列国之行首先是政治之旅。第一，孔子周游列国的动机不是为了研究学问和丰富思想，而是因为政治抱负在鲁国无法施展，为了推行仁政，到其他国家寻求实现自己政治思想的机会。第二，游历时间之久，游历国家之多，也并非孔子本意，是因为孔子的思想在当时乱世很难得到各国当政者的认同，而不得不从一个国家前往另一个国家。而在此期间孔子始终没有放弃其推行恢复礼制、施行仁政的政治理念。

　　但是在客观上，孔子在14年周游列国的旅行中，广泛接触各界名士，丰富阅历，考察各国政治体制，研究政风民情，其学术思想逐渐得以完善。从这个意义上来说，孔子的周游列国之行，为其学术思想的成熟奠定了基础。

　　如果把孔子和他的学生看作是一个研学团队的话，孔子的身份与其说是一个游学者，不如说他更像一位研学导师。在周游列国的行程中，他在真实的社会情境中向学生阐述做学问、做人、治国理政的理念和方法，学生们也是边学习边研究边实践，在行程中参与了很多国家的重要政治、军事事件的谋划。显然，他的那些贤弟子从这一行程中学到了在学堂中无法学到的实践知识，对他们各自学术思想的形成和学术建树起到了不可替代的作用。

　　所以，把孔子周游列国看作我国古代游学的发端，更多的是因为孔子带领他的"学生团队"在行程中所做的实践教学行为。这一点正是孔子周游列国和古代欧洲思想家们旅行活动的一个重要的区别。

　　在孔子之后，游学活动在不同时期也在不同程度上对学术思想的发展起到了促进作用。唐宋时期，一大批的文人学士、骚人政客，都出于不同的原因，进行了大量的游历活动，这些活动都对他们的学术成就产生了重要影响。无论是诗仙李白还是诗圣杜甫，我们都可以在诗中听到他们不停地游历的脚步声。无论是从北方一路铁骑战斗到江南的辛弃疾，还是从黄州到惠州到儋州一路贬谪的苏东坡，在被迫的迁行中都渐浓了诗文的味道。而到了明代的王阳明，其提出的"知行合一"的教育思想，更成了现代研学旅行的理论依据和思想源泉之一。

二、亚里士多德的颠沛历程与欧洲的大游学

亚里士多德(Aristotle，公元前384—前322)，古希腊人，世界古代史上伟大的哲学家、科学家和教育家之一，堪称古希腊一切学术思想的集大成者。他是柏拉图的学生，亚历山大的老师。作为一位百科全书式的伟大学者，他几乎对每个学科都做出了贡献。他的写作涉及伦理学、形而上学、心理学、经济学、神学、政治学、修辞学、自然科学、教育学、诗歌、风俗，以及雅典法律。亚里士多德的著作构建了西方哲学的第一个广泛系统，包含道德、美学、逻辑、科学、政治和玄学。

不同于孔子，亚里士多德的学术成就首先源于他在柏拉图学院长达20年的学院学习。但不可忽视的是，自公元前345年至前322年亚里士多德63岁时因身染重病离开人世，在长达24年的时间里，由于学术之争和政局的不断变化，他曾多次颠沛流离。这样丰富的人生历程，也为他的学术思想提供了更多的营养。

亚里士多德的游历经历和孔子周游列国一样，只是游学的雏形，真正具有游学特征的教育活动，在西方可以追溯到17世纪欧洲的"大游学"（the Grand Tour），即英国、德国的贵族子弟到历史文化悠久的法国和意大利求学的"漫游式修学旅行"。"the Grand Tour"本意为"大陆游学"，原指英国贵族子弟跨过海峡到欧洲大陆的游学活动，后来这种活动也影响到了欧洲大陆上的国家，如德国的贵族子弟也参加了进来。所以，后来也译

作"大游学"。

欧洲的"大游学"由来已久，现在提起这个词，常特指其鼎盛时期，17、18世纪英国的贵族子弟在伦敦、剑桥毕业后去罗马朝圣、文化寻根。大约四万多年轻绅士，为了追寻艺术和历史的来源和痕迹，在欧洲各大名城间游学。这样的游学活动一直持续到19世纪，游学之风还渐渐从贵族和资本主义社会上层蔓延到平民。

至于为什么要去意大利，塞缪尔·约翰逊博士在他的传记中给出了理由："我们所有的宗教，几乎全部的法典和艺术，所有那一切，使得我们高于蒙昧和野蛮的，都来自地中海沿岸。"出于对文明和艺术的溯源，游学之风由英国蔓延到德国继而席卷了整个欧洲。"大游学"也成为获得英国绅士称号前的最后一课，也是必修课。

之所以说"大游学"是真正具有游学特征的教育活动，是因为具备了以下特征：

第一，"大游学"不是一般的观光旅行活动。"大游学"是当时的贵族子弟成长教育的一个组成部分，是大学毕业后教育的延伸，也是贵族子弟丰富人生履历，获得爵位和绅士称号的重要条件。

第二，游学活动行前有明确的教育目的。"大游学"是出于对艺术、对文明的学习和溯源，是培养贵族子弟全方面素质的需要。

第三，游学活动有具体的学习任务和学习内容。这些贵族子弟大体上都要经过相似的学习历程。要在都灵的学院中学习礼仪、宫廷舞蹈、击剑决斗以及歌剧；在米兰研究高级时装、学习音乐；在博洛尼亚研究建筑艺术。当然，在到达意大利之前，他们还必须翻越阿尔卑斯山，接受大自然严酷的考验，从而磨炼坚强的意志。

第二节　近代研学旅行的产生与发展

一、近代日本的修学旅行

现代意义上的研学旅行始于日本的修学旅行。1882年（明治十五年）栃木县第一初级中学（现栃木县立宇都宫高中）的老师组织学生们参观东京、上野召开的"第二届实业发展促进博览会"，这成了后来"高中学生与初中学生团体旅游"活动的开端。第二年长野师范学校（现信州大学）举行的类似活动被命名为"修学旅行"。这次活动备受关注，并在1887年（明治二十年）4月20日的《大日本教育杂志54号》上进行了专题报道，"修学旅行"一词从此被正式使用。

修学旅行不同于观光旅行，其以学习为目的。学生在旅行中学到知识，体验生活，亲近自然。修学旅行很受学生欢迎。

日本的修学旅行根据学习内容的不同被分成若干类别。比如历史学习，主要是参观历史遗迹，学习历史知识。这种旅行多去京都、奈良和东京等地，这些地方古迹多。还有体验大自然的森林修学旅行和农业修学旅行等。明治维新以后，日本将修学旅行列入教学大纲，明确规定小学生每年要在所在市做一次为期数天的社会学习，初中生每年要在全国做一次为期数天的社会学习，高中生每年则要在世界范围做一次为期数天的社会学习。修学旅行由学校组织实施，是日本小学、中学和高中教育的重要内容。自晚清开始，在西方文化的冲击下，中国学者逐渐意识到与西方文化的差异，开始向西方学习，政府不断派遣留学生前往发达的欧美等国深造。民国时期，许多有识之士开始把目光投向日本，纷纷前往日本进行学习。而日本的修学旅行教育思想也在这一时期传到了中国。

二、近代中国的修学旅行实践——陶行知与"新安旅行团"

陶行知是我国近代最具影响的教育家之一，他提出的生活教育理论在国内外产生了重要影响，对当今的教育实践仍有重要的指导意义。陶行知的生活教育理论包括三部分内容：生活即教育、社会即学校、教学做合一。其中，"生活即教育"是生活教育理论的核心，本质是生活决定教育，教育改造生活。"社会即学校"就是把整个社会作为一个大学校，让社会的全部资源都为教育所用，让整个社会都担负起教育的职能，学校要与整个社会建立联系，实行开放式办学。"教学做合一"是生活教育理论的教学方法论，强调教学、学习要和生活实践、社会实践相结合，强调教育要和生产劳动相结合，反对学校教育与社会割裂、书本知识与生活实际脱节。陶行知的教育理论和教育实践对我国近代修学旅行教育的发展做出了重要贡献，至今仍然是研学旅行课程的基本理论基础。

1929年6月6日，陶行知为了实践他的生活教育理论，在江苏淮安创办了新安小学。学校成立后不久，随着日本对中国侵略的日益加剧，国内形势也急剧恶化。生活教育理论指出"有什么样的生活就有什么样的教育"，在此背景下，"生活教育"就变成了"抗战教育"。

1933年10月22日，在时任校长汪达之的努力推动下，7名由学校供给伙食的基本学生[①]组成的新安儿童旅行团从新安小学出发，开始了为期近两个月的修学旅行。儿童旅行团此行的目的地是镇江和上海，陶行知在上海接应。陶行知专门给旅行团安排了行程，组织他们参观了商务印书馆，

---

① 新安小学的学生分为基本学生和普通学生，基本学生是生活教育理论实验的主要对象，实行免费教育。

深入工厂和码头，参观了租界，凭吊了"一·二八"抗战纪念地，并且到上海各大、中、小学校演讲，受到当时人们的热烈欢迎。陶行知在《普及现代生活教育之路》一文中说："新安儿童旅行团来沪，不但在中小学演讲，而且在大夏、光华、沪江各大学演讲。我问一位大学教授：'小孩子们讲得如何？'他说：'几乎把我们的饭碗打破！'小孩能教大学生，甚至于几乎把传统教授的饭碗弄得有些不稳，虽然是千古奇闻，但确是铁打的事实。"

新安儿童旅行团在上海教育界和新闻界引起了轰动，中外各大报纸纷纷对该旅行团进行了报道，其影响迅速扩展到全国许多城市以及南洋群岛和旧金山一带的华侨中。

新安儿童旅行团的成功，使校长汪达之产生了一个更宏大的计划，他要组织一个规模更大的旅行团，到全国各地，一边学习，一边做抗日救亡宣传工作，这就是后来的新安旅行团修学旅行。汪达之组织新安小学学生做长途修学旅行的计划，得到了陶行知的全力支持。陶行知捐资500元来支持新安小学的修学旅行活动，这些钱是他母亲逝世所得的人寿保险金。汪达之用这些钱，购买了一台旧的无声电影放映机，之后又从中华无线电研究社买来了发电机、扩音机和电唱盘，从联华、明星影片公司弄来了《民族痛史》《抵抗》等几部旧影片，还从百代唱片公司买来了《义勇军进行曲》《大路歌》《开路先锋歌》等唱片和一台幻灯机。一些爱国厂商又捐了一些毛巾、挂包和旅行用药。为了筹集这些物资，汪达之经常奔波于淮安与上海之间，到了1935年8月，他终于把这些器械物资运到了淮安。师生们经过一个多月的学习和实践，终于学会了如何操作和维护这些机器。

1935年10月10日清晨，由14名基本学生组成的旅行团在新安小学礼堂举行了宣誓仪式。之后，由汪达之带领的一行15人的旅行团队正式出发，新安旅行团（简称"新旅"）从此便诞生了，一个历时17年，行程5万里，蜚声国内外的修学旅行壮举就此开启。

新安旅行团足迹遍及全国十余个省市，出发时的15名成员除两人因病中途退出，13人坚持完成了17年的修学旅行。其间陆续加入旅行团的成员超过了600人。新安旅行团是在日本加紧对中国的侵略，国难日益深重的背景下进行修学旅行的。"新旅"一开始就肩负着两重使命：一面宣传抗日救国，一面通过修学旅行，到"民族解放斗争的大课堂"里进行"教、学、做"。因此，从出发之日到抗战结束，"新旅"所到之处都播下了抗日救亡的火种。

新安旅行团的长途修学旅行，是在国家危亡的特殊时期世界研学旅行史上的一次伟大壮举。在其艰苦旅行中，新安旅行团宣传了团结抗日的主张，加强了民族团结，促进了文化交流，验证了生活教育理论的科学性。

第三节 研学旅行的国际、国内发展现状

一、研学旅行的国际发展现状

进入21世纪以来，重视校外教育成为世界范围内学校素质教育的重要趋势，越来越多的国家将研学旅行纳入了教育体制。

在亚洲，日本的修学旅行制度最为完善，其最突出的特点就是政府高度重视。日本将修学旅行列入学术教育体系，给予了充分的财政支持和法规政策保障。研学内容从参观国家公园、访问历史古迹，到学习传统文化知识，涉及职业选择、自然体验、考察先进企业，甚至体验商人活动等等，涵盖了政治、经济、文化等各个领域。

在修学旅行课程实施过程中，学校会依据学生的学段特点安排活动。

其中小学生主要就近参观名胜景点或是集体泡温泉；初中生不仅参观名胜景点，而且把教科书中出现的国会议事堂、东京塔等列为参观内容；高中生则倾向把学习目标定位在自然体验或了解过去战争的悲惨历史。另有不少学校尤其是私立学校，还会组织学生出国修学旅行，并将此作为特色写入招生简章。

自1946年日本正式将修学旅行纳入国家教育制度体系以来，至今日本从小学到高中修学旅行实施比例基本达到95%以上。随着国际交流的发展，日本修学旅行的线路也逐渐国际化，现在日本每年约有近200个学校，约4万名学生到中国修学旅行。

在韩国，几乎每个学生都参加过各种类型的研学旅行，其中具有教育特色的是毕业旅行。韩国教育部门将毕业旅行作为学生的一项必修课目，纳入学分管理，学生只有参加并修够相应学分，才可以毕业。

欧美国家研学旅行历史悠久，发展也更为成熟。

美国历来重视校外教育，对校外教育政府有政策导向和财政扶持。联邦政府和州教育主管部门与相关行业协会一起对校外教育进行监管。

美国家长较少有"望子成龙"的功利念头，孩子参加假期活动主要还是凭借兴趣爱好，所以研学旅行和夏令营、冬令营一样，为满足或培养孩子的兴趣爱好提供了多种多样的选择，是假期非常受学生欢迎的活动。

美国霍奇基斯高中曾组织10～12年级的学生去南极开展为期3周的探险之旅，学生们在南极半岛和周边岛屿观察鲸鱼、磷虾群，拍摄帝王企鹅、海豹、冰山的同时，听取随行的南极科考专家讲述生态学和当地历史。此外，不少美国高中生在假期里参加国内名校游，了解高校特色，为将来升学选择做准备。

英国作为现代旅游业诞生地，一直以来就有崇尚研学旅行的风尚，被称为"大陆游学"（或译作"大游学"）的"the Grand Tour"，实际就是研学旅行。早在17世纪，英国王室就有教师带领王子们周游列国的先例；到了18世纪，这种游学普及到英国上流阶层；到了19世纪，倘若当时英国的青年学子，尤其是贵族子弟不曾有过海外研学旅游的经历，就会被人看不起。今天，很多英国家长会选择在暑假带着孩子一起旅行，有些没有家庭出游计划的学生也会参加学校组织的出游，在旅途中学习知识。

二、国内研学旅行的现状

（一）国内研学旅行的发展

中华人民共和国成立以来，一直提倡教育与劳动实践相结合。长期以来春游、秋游、远足、冬季越野等活动成为学校实践这一教育理念的重要模式。但真正具有现代意义的修学旅行活动是在改革开放以后才开始出现的。

改革开放以后，大量来自欧美、日韩、东南亚等国家的"修学旅行团"来华修学旅行，国内各大旅行社纷纷成立修学旅行接待部门。在接待国外的修学旅行团的过程中，各旅行社、各地景区、政府部门逐渐积累了大量的修学产品组合、组织接待和安全保障的宝贵经验。外来的修学旅行理念，也对国内的学生家长和教育及旅游业产生了重要影响。

20世纪90年代，一些教育理念先进的学校开始组织学生修学旅行、出境游学，一些旅行社也适时推出了适合学生和学校需求的修学旅行产品，推动了该行业发展。进入21世纪，不少地方开始出现由政府参与的研学旅行活动。2006年，山东省曲阜市成功举办了中国第一个研学旅行节庆活动"孔子修学旅行节"。此后，曲阜、苏州、潮州、韶关等地相继提出打造"修学旅行品牌"，上海市提出加快建设"国际修学旅行中心"。2008年，国家推行"国民休闲旅游计划"以后，广东省将研学旅行纳入中小学教学大纲。

20世纪90年代到21世纪前10年的20年间，尽管不少地区、一些学校进行了研学旅行的一些探索，但由于应试教育的强大阻碍，尤其学校对安全事故的担忧，研学旅行的发展一直非常缓慢和零散。

（二）研学旅行政策体系初步形成

2013年，国务院发布《国民休闲旅游纲要（2013—2020年）》，首次在国家层面上提出推进研学旅行。此后一大批与研学旅行相关的重要文件相继出台，我国的研学旅行进入了快速发展时期。这期间国家层面上发布的与研学旅行相关的政策文件主要有：

1. 《国民休闲旅游纲要（2013—2020年）》

发布部门：国务院

发布时间：2013年2月2日

《国民休闲旅游纲要（2013—2020年）》中明确提出："在放假时间总量不变的情况下，高等学校可结合实际调整寒、暑假时间，地方政府可以探索安排中小学放春假或秋假。"并提出了要"逐步推行中小学生研学旅行"，"鼓励学校组织学生进行寓教于游的课外实践活动，健全学校旅游责任保险制度"。

2. 《中小学学生赴境外研学旅行活动指南（试行）》

发布部门：教育部

发布时间：2014年7月14日

该文件对举办者安排活动的教学主题、内容安排、合作机构选择、合同订立、行程安排、行前培训、安全保障等内容提出指导意见，特别在操作性方面，规范了带队教师人数、教学内容占比、协议规定事项、行前培训等具体内容，为整个行业活动划定了基本标准和规则。

3. 《关于促进旅游业改革发展的若干意见》

发布部门：国务院

发布时间：2014年8月21日

《关于促进旅游业改革发展的若干意见》中首次明确了"研学旅行"要纳入中小学生日常教育范畴。该文件第（九）条提出了"积极开展研学旅行"的要求：

按照全面实施素质教育的要求，将研学旅行、夏令营、冬令营等作为青少年爱国主义和革命传统教育、国情教育的重要载体，纳入中小学生日常德育、美育、体育教育范畴，增进学生对自然和社会的认识，培养其社会责任感和实践能力。按照教育为本、安全第一的原则，建立小学阶段以乡土乡情研学为主、初中阶段以县情市情研学为主、高中阶段以省情国情研学为主的研学旅行体系。加强对研学旅行的管理，规范中小学生集体出国旅行。支持各地依托自然和文化遗产资源、大型公共设施、知名院校、工矿企业、科研机构，建设一批研学旅行基地，逐步完善接待体系。鼓励对研学旅行给予价格优惠。

4. 教育部等11部门《关于推进中小学生研学旅行的意见》

发布部门：教育部、国家发展改革委、公安部、财政部、交通运输部、文化部、食品药品监管总局、国家旅游局、保监会、共青团中央、中国铁路总公司

发布时间：2016年11月30日

《关于推进中小学生研学旅行的意见》（以下简称《意见》）对研学旅行给出了明确定义，指出中小学生研学旅行是由教育部门和学校有计划地组织安排，通过集体旅行、集中食宿方式开展的研究性学习和旅行体验相结合的校外教育活动，是学校教育和校外教育衔接的创新形式，是教育教学的重要内容，是综合实践育人的有效途径。

《意见》明确提出了研学旅行工作的目标要求和工作原则，确定将研学旅行纳入中小学教育教学计划，并对研学旅行基地建设、组织管理、经费支持、课程评价、安全保障等各方面的工作给出了具体规定。

该《意见》的发布确立了研学旅行作为中小学课程的教学地位。

5.《研学旅行服务规范》

发布部门：国家旅游局

发布时间：2016年12月19日

《研学旅行服务规范》是国家旅游局针对研学旅行实施做出的权威性的规范文件，其中对人员配置、产品分类、服务改进、安全管理提出了明确的要求。

《研学旅行服务规范》明确了研学旅行设计的各方的责任，组织实施的标准，详细提出了研学旅行的安全性问题，是首份关于研学旅行的标准文件。

6. 《中小学德育工作指南》

发布部门：教育部

发布时间：2017年8月17日

该文件明确要求学校要把研学旅行作为学校德育工作中活动育人的重要内容纳入学校教育教学计划，以推进中小学生综合素质的提升。要求学校要规范研学旅行的组织管理，制定研学旅行的工作规程，明确学校、家长和学生的责任和权利。

7. 《中小学综合实践活动课程指导纲要》

发布部门：教育部

发布时间：2017年9月25日

综合实践活动是国家义务教育和普通高中课程方案规定的必修课程，与学科课程并列设置，是基础教育课程体系的重要组成部分。

《中小学综合实践活动课程指导纲要》确立将研学旅行纳入学校教育学分系统，进一步明确了研学旅行的课程地位。

8. 《教育部办公厅关于公布第一批全国中小学生研学实践教育基地、营地名单的通知》

发布部门：教育部办公厅

发布时间：2017年12月6日

文件对中小学生研学实践教育基地、营地建设及中小学研学实践教育提出了原则性要求，名单涵盖了中央及各省的著名教育基地。

9.《山东省推进中小学生研学旅行工作实施方案》

发布部门：山东省教育厅、山东省发展改革委员会、山东省公安厅、山东省财政厅、山东省交通运输厅、山东省文化厅、山东省林业厅、山东省食品药品监督管理局、山东省旅游发展委员会、中国保监会山东监管局、共青团山东省委、济南铁路局

发布时间：2017年7月4日

文件明确了山东省开展中小学研学旅行工作的政策措施，提出要"设计开发富有山东特色的研学旅行课程体系"。文件还明确规定："学校每学年安排集体研学旅行不少于2次，一般安排在小学四到六年级、初中一到二年级、高中一到二年级，尽量错开旅游高峰期。逐步建立小学阶段以乡土乡情为主、初中阶段以县情市情为主、高中阶段以省情国情为主的研学旅行活动课程体系。"

从以上文件的解读中我们不难看出国家在研学旅行方面的态度。推进研学旅行出于两方面的战略需要：

一是国家旅游产业战略升级的需要。随着国民生活水平的提高，旅游逐渐成为社会的基本需求，旅游业也逐渐成为国家经济的支柱产业。但是传统的观光旅游在满足人民基本的旅游需求的同时也带来了一系列的问题，国家旅游产业发展需要实现由观光旅游向休闲旅游的战略提升，研学旅行就是这一战略提升的新的经济增长点。研学旅行的全面推行可以释放巨大的旅游消费潜力，形成一个巨大的旅游消费市场。所以，2013年以来，旅游部门、旅游业界一直在积极推动研学旅行工作。

二是国家深化基础教育改革的需要。《关于推进中小学生研学旅行的意见》指出："开展研学旅行，有利于促进学生培育和践行社会主义核心价值观，激发学生对党、对国家、对人民的热爱之情；有利于推动全面实施素质教育，创新人才培养模式，引导学生主动适应社会，促进书本知识和

生活经验的深度融合；有利于加快提高人民生活质量，满足学生日益增长的旅游需求，从小培养学生文明旅游意识，养成文明旅游行为习惯。"党的十九大进一步提出，国家要大力发展教育，推动传统文化发展，弘扬民族文化自信，培养青少年家国情怀。研学旅行正是全面推动基础教育改革发展的重要途径。

所以，我们可以判定，以2013年国务院发布《国民休闲旅游纲要》为发端，以2016年教育部等11部门联合发布《关于推进中小学生研学旅行的意见》为分水岭，研学旅行作为一个新兴产业，同时又是一门中小学国家课程，必将迎来一个全新的、迅速的发展时期。

但是我们也清晰地看到，旅游业界对研学旅行的推进动力远远高于教育界，学校实施研学旅行的动力显著不足。这主要是基于以下几方面的原因：

一是教育部门特别是学校不是产业机构，不以营利为目的。所以不像旅游业那样有产业利益的驱动，相反组织研学旅行会增加很大的工作负担。

二是应试教育的阻力依然强劲。学校出于应试教育的压力，不愿意给学生时间和精力做研学旅行。

三是安全问题。这是学校组织研学旅行的最大顾虑，是学校实施研学旅行课程的最大制约。

当前尽管国家层面陆续出台了一系列关于研学旅行的文件，研学旅行的政策体系正在形成。但是在学校最关心的安全问题方面，现有的文件只是给出了一些原则性的指导意见，没有对学校在研学旅行课程实施中的事故责任做出明确界定，研学旅行中的安全责任事故的处置制度体系尚未建立。这应该是下一步在国家政策层面研学旅行推进工作亟待解决的问题。

（三）研学旅行的专业机构或组织纷纷成立

2013年以来，特别是2016年以后，从事研学旅行的专业机构如雨后春笋般成立起来，形成了线上线下，景区旅行社以及其他跨行业机构竞相参与的发展局面。一些机构和地区还先后成立了一些产业联盟。当前的主要产业联盟有：

1. 中国课程化研学旅行联盟

2013年12月6日，在北京召开的践行陶行知教育思想——首届"实践教育论坛"上成立了中国课程化研学旅行联盟。来自旅游界和教育界的近100位专家和业界代表出席了本届论坛和联盟成立大会。

2. 内地游学联盟大会

2015年7月23日，原国家旅游局组织河南、山东、江苏、福建、广东、湖北、陕西7省在河南郑州成立内地游学联盟，并签署了《内地游学联盟协议》，同时还出台了多项优惠政策支持港澳青少年赴内地游学。2016年内地游学联盟大会暨游学推广活动在山东青岛举办，2017年在湖南长沙举办。

3. 中国研学旅行目的地联盟

2017年5月25日，来自全国20多个省市和地区的旅游企业代表在河南安阳成立中国研学旅行目的地联盟。会议宣读了《中国研学旅行目的地城市安阳宣言》。

4. 中国研学旅行联盟

2017年5月26日，中国研学旅行联盟成立大会暨红旗渠研学旅行论坛在河南红旗渠召开。会议签署了《中国研学旅行联盟团体系列标准》和《中国研学旅行联盟红旗渠宣言》，并将5月26日确定为"中国研学旅行日"。

5. 中国研学旅行推广联盟

2017年9月27日，中国研学旅行推广联盟在山东曲阜成立。该联盟由原国家旅游局指导，山东省旅游发展委员会牵头，与北京、上海、天津、江苏、浙江、福建、河南、广东、陕西等10个省市共同发起成立。成立大会通过了《中国研学旅行推广联盟章程》。

各大旅行社也纷纷成立专门负责研学旅行的部门和机构，大力拓展研学旅行业务。一些留学和教育企业也纷纷介入研学旅行行业，如新东方教育科技有限公司等。

在线下机构纷纷成立的同时，线上的研学旅行平台也相继建立。

各地的旅游协会也相继成立了研学旅行专业委员会。

（四）国内研学旅行产业概况

1. 产业发展迅速，产业预期规模庞大

据中国旅游研究院发布的《中国研学旅行发展报告2017》数据，2016年国内研学旅行市场规模估计在200亿元以上，学校渗透率仅为5%左右，与日本98%的渗透率相距甚远，也说明市场潜力巨大。《关于推进中小学研学旅行的意见》的出台，使研学旅行变成了学校的刚需，预计未来3～5年学校渗透率将迅速提升到20%～30%，国内市场规模将达到700亿元以上。未来如果学校渗透率达到90%以上，研学旅行的潜在市场规模国内将达到数千亿元以上，国际市场也将达到百亿元以上。

2. 产业利润率可观

执惠旅行调查显示：2017年，明珠旅行、世纪明德、乐旅股份、中凯国际、读行学堂、美之旅、知鸿国旅7家新三板挂牌企业研学旅行业务的平均毛利率16%左右。

3. 研学旅行的衍生产业不容忽视

（1）研学旅行课程设计。旅行社原有的观光旅行的线路不能满足研学旅行课程的需求，需要针对学校要求设计研学旅行课程，制作专业的研学旅行手册。鉴于课程设计的专业性和研学旅行课程的综合性，课程设计既需要具备旅游知识、课程知识，又需要具有深厚的文化底蕴和跨学科专业素养的专业人才。由于不同的学校有不同的要求，根据要求定制设计课程将是一个很大的衍生产业。

（2）研学旅行课程培训。研学旅行作为一个全新的产业形态，对从业人员进行专业培训成为必须，研学旅行课程培训成为另一个衍生产业。研学旅行课程培训包括对研学专业机构从业人员的培训和对学校教师的研学课程培训。

（3）学术交流业务。为促进研学旅行产业发展而开展的学术交流会议以及与研学旅行相关的学术出版业，也是一个不小的衍生产业。

（五）当前研学旅行存在的问题

1. 当前的研学旅行浮于表面，内涵不足

大多数旅行社组织的研学旅行在本质上仍以观光旅游为主，旅行的研学功能体现不足。研学旅行产品缺乏创新，还是老线路、老套路，缺乏互动体验，缺乏学习深度，走马观花，蜻蜓点水，研学旅行的效果大打折扣。

2. 研学旅行设计与实施不够专业，缺乏课程化设计

（1）课程目标的制订不明确。绝大多数所谓研学旅行课程的教学目标随意设置，既没有体现国家课程标准对研学旅行课程的总体要求，也没有与研学旅行参观考察的具体内容相结合。课程目标起不到对学生学习的引领功能，在整个课程设计中徒有形式，内容虚化。

（2）课程内容的设计不合理。当前研学旅行课程设计多以观光游的旅行手册替代，课程内容缺乏体现研学特征的专业设计。"研""学""游"的融合深度不够，任务匹配不合理。"研"和"学"的内容设计随意，不能引发学生对参观考察内容的深度思考，不能引领学生对学习内容进行深度研究，也就失去了研学的课程意义。

（3）课程实施的过程不规范。在课程实施过程中，研学导师的专业素养限制了教学效果。研学导师对景点内容的讲解仍然是传统的观光游的讲解词，没有结合研学课程设计进行准备。学校随队教师也不能发挥自身优势对学生做深度引导，只起到了组织管理的作用。研学导师团队的分工合作不清晰、不专业，导致研学旅行在实质上还是变成了一次换了马甲的观光旅行。

（4）研学旅行的课程评价不科学。研学旅行的课程评价应该包括三方面的内容：对学生的评价、对课程的评价和对承办方工作的评价。绝大多数的研学旅行评价都只是涉及了对学生的评价。即便是对学生的评价，在评价的形式、评价的内容、评价的标准等方面的设计也不科学、不合理，不易操作。

3. 行业规范亟待完善

随着国家关于研学旅行的政策文件密集发布，中小学研学旅行纳入教育体系并成为刚需，从事研学旅行的专业机构也雨后春笋般成立，一个新兴市场正在迅速崛起。但相伴而来的各种问题也应引起足够的重视，国家的相关政策体系还不是很完善，应尽快对行业急需的规范和标准进行研究，制定政策标准。全面落实《研学旅行服务规范》，对学校和旅行社等研学机构落实《研学旅行服务规范》的情况进行有效的监督和检查，确保研学旅行行业健康发展。

4. 相关的法律法规体系、责任保障体系仍需完善

行业的健康发展必须有完善的法律法规体系作为保障。特别是在安全保障和安全事故处置方面，应该制定专门的法律法规或处置办法，合理界定各方的责任，化解纠纷，保障各方权利，确保研学旅行活动不因安全事故个案而导致整个课程实施的灾难性停顿。安全，始终是高悬在中小学校长头上的一把达摩克利斯之剑，不解决安全保障和责任处置问题，学校对组织研学旅行将始终持有畏惧心态。即便是研学旅行成为刚需，也无法避免部分学校以综合素质报告造假的方式逃避组织实质的研学旅行，学生仍然在应试教育的泥沼中挣扎。

5. 研学旅行从业人员的专业素养和专业能力亟待提升

作为一个横跨教育和旅游两个领域的新兴行业，无论是学校教师还是旅行社和景区的导游，无论是教育管理者还是旅行组织者，都缺乏行业运营的全面经验和专业素养。

（1）作为课程实施的关键角色，旅行社和景区的研学导师缺乏教学和研究的专业素养，在景区内容解说之外如何与课程教学内容相结合，引导学生发现问题、研究问题、解决问题的能力亟待提升。

（2）作为绝大多数研学旅行的实施主体的旅行社的组织者，在研学旅行产品研发、课程设计、招标投标、组织实施等方面迫切需要专业的提升，特别是对研学旅行的教育特征和教育功能要有清晰的界定。

（3）学校教师在研学旅行中如何配合旅行社和景区研学导师引导和监督学生完成研学任务，如何履行代表学校监督旅行社执行协议义务，如何对研学课程和旅行社的工作进行合理评价，也需要进行专业培训。

（4）学校研学旅行的组织管理者也要对研学旅行的政策法规、研学旅行的课程特征全面掌握，尤其是涉及安全保障、招标投标、协议规范方面的法律和政策知识要理解透彻，还要对课程实施的各个环节准确把握。特别是研学旅行的行前课程、行后课程、家长课程，都需要学校进行有效的组织实施。对学校教师进行研学旅行课程知识的培训也是学校实施研学旅行课程必须要做的工作。

思 考 题

1. 为什么说孔子周游列国是我国最早的游学活动？孔子周游列国的活动与欧洲古代学者的游历活动有什么不同？

2. 为什么说欧洲"大游学"是真正具有游学特征的教育活动?

3. 微信公众号"中国新闻网"有一篇文章,题目是《有人把李白、杜甫一生的足迹做了张地图,发现大事情……》,在这篇文章中提供了根据李白、杜甫、王维、李贺、韩愈、岑参、孟郊、苏轼、杨万里、文天祥、李清照等11位著名诗人的游历足迹制作的地图,在没有现代交通工具的古代,这些诗人的足迹实在令人震惊。

请你选择一位特别感兴趣的历史文化名人,通过阅读其传记,绘制一幅该名人的游历足迹图。结合你的研究谈一谈对古代"读万卷书,行万里路"的理念的理解。这对我们今天的研学旅行课程有什么启示?

4. 我国古代还有很多著名的旅行家，像徐霞客、玄奘、张骞、郑和、法显等，请选取一位你敬仰的旅行家，撰写一篇关于他游历的论文，论证游历对其人生成就的重要作用。

5. 在中西方文化交流史上，曾经有很多西方学者不远万里来到中国，比如马可·波罗、利玛窦等。他们的游历活动为中西方文化交流架起了一座座桥梁，促进了文明的交流和文化的传播。请你根据他们的经历和贡献，谈一谈他们的游历活动对他们的人生和对世界文明发展的意义。

6. 请查阅资料，研究日本修学旅行的相关制度，说明日本的修学旅行为什么能够健康发展。

7. 你对中国研学旅行发展的前景如何看待？你的依据是什么？当前影响中国的研学旅行行业发展的制约因素是什么？你对中国研学旅行的发展有什么建议？

第一节　研学旅行课程的理论基础

一、杜威的生活教育理论

约翰·杜威（John Dewey，1859—1952），美国哲学家、教育家，实用主义的集大成者。他的著作涉及科学、艺术、宗教伦理、政治、教育、社会学、历史学和经济学诸方面，他将实用主义哲学和进步主义教育联系在一起，对美国的教育和文化产生了重大的影响。

1919年5月到1921年7月，杜威的中国学生胡适、蒋梦麟、陶行知等代表江苏省教育会、北京大学和北京大学知行学会等五个团体邀请他访问中国，先后在北京、南京、杭州、上海、广州等地讲学。他的教育思想对中国教育产生了重要而深远的影响。

基于实用主义经验论，杜威对传统的学校教育做了深入的批判，提出

了他自己对于教育本质的三个基本观点："教育即生活""学校即社会"和
"从做中学"。

1. 教育即生活

杜威认为，教育就是儿童生活的过程，而不是将来生活的预备。教育
和生活相联系是儿童生长和发展的条件，生长和发展就是教育本身。杜威
认为："因为生长是生活的特征，所以教育就是不断生长。"教育不是强迫
儿童去吸收外面的东西，而是要使人类与生俱来的能力得以生长。

"教育即生活"强调的是教育对生活的影响，强调的是教育的生活意
义。所以，最好的教育就是"从生活中学习、从经验中学习"。

"教育即生活"指出教育是生活的需要。杜威强调，教育不能离开社
会生活的背景。而社会生活是复杂的，不能直接作为儿童生活的背景。社
会生活需要经过教育的简化、净化和平衡后才能成为儿童学习的背景。

杜威的"教育即生活"理论阐明：现实教育必须联系和适应社会生活
的变化，教育应对社会生活进行简化、净化和平衡，引导学生逐渐融入现
实的社会生活中，教育本身是一种生活，更是儿童生长和发展的过程，是
一种构建理想生活的活动。

2. 学校即社会

杜威认为，学校教育是社会生活的一种形式。学校应该"成为一个小
型的社会，一个雏形的社会"。学校应该把现实的社会生活简化到一种简单
状态从而呈现儿童的社会生活。"学校即社会"反映了学校与社会的关系：
一是学校本身就是一种社会生活，具有社会生活的全部含义；二是校内学
习要与校外学习相联系，两者之间相互影响。

杜威也指出，"学校即社会"并不意味着社会生活在学校里的简单重
现，学校作为一种特殊的社会生活，具有三个重要功能，即：（1）简单和整
理所要发展的倾向的各种因素；（2）把现存的社会风俗纯化和理想化；（3）创
造一个比青少年任其自然时可能接触的更广阔、更美好的平衡的环境。

3.从做中学

在教学论的层面上，杜威提出了"从做中学"的基本原则。

杜威认为，教学过程应该就是"做"的过程，强调学习与应用结合，在学习中充分发挥儿童的主动性和创造性。杜威强调，如果儿童没有"做"的机会，那必然会阻碍儿童的自然发展。儿童生来就有一种要做事和要工作的愿望，对活动具有强烈的兴趣，对此要给予特别的重视。

"从做中学"对于学习和应用相结合的理念，和我们现在强调的理论联系实际、教育不能脱离生活的原则是一致的，是研学旅行的重要理论基础之一。

二、陶行知的生活教育理论

陶行知（1891—1946），安徽歙县人，中国现代伟大的人民教育家、思想家，伟大的民主主义战士、爱国者，中国人民救国会和中国民主同盟的主要领导人之一。1914—1917年，陶行知赴美国留学，先后就读于伊利诺伊大学和哥伦比亚大学。在哥伦比亚大学教育学院就读期间，师从杜威并深受其教育理论的影响。但陶行知并没有照搬杜威的观点，而是在教育实践中对杜威的教育理论进行改造和发展，在继承和发扬中西方文化教育精华的基础上创立了自己的生活教育理论。生活教育理论是陶行知教育思想的理论核心。

什么是生活教育？陶行知指出："生活教育是生活所原有，生活所自营，生活所必需的教育。教育的根本意义是生活之变化。生活无时不变，即生活无时不含有教育的意义。""过什么生活，便是受什么教育；过好的生活，便是受好的教育；过坏的生活，便是受坏的教育……""生活教育与生俱来，与生同去。出世便是破蒙，进棺材才算毕业。"由此可见生活教育的内涵：生活教育是人类社会原来就有的，是伴随人类生活的产生而产生的教育，生活教育也必然随着人类生活的变化而变化；生活教育与现实生活相应，生活教育就是在现实生活中受教育，教育在现实生活中进行；生活教育是一种终身教育。

"生活即教育""社会即学校""教学做合一"是陶行知生活教育理论的三大基本原理。

1.生活即教育

"生活即教育"是陶行知生活教育理论的核心。"生活即教育"的基本含义包括：（1）生活决定教育，教育不能脱离生活，有什么样的生活就有什么样的教育，教育是为满足人的发展和生活的进步的需要。（2）教育要适应生活的变化，生活教育的内容要随生活的变化而变化。（3）教育为改造生活服务，在改造生活的实践中发挥积极作用，教育只有服务于生活才能成为真正的教育。（4）生活教育是终身教育，是与人共始终的教育。

2.社会即学校

陶行知认为自有人类以来，社会就是学校。陶行知提出"社会即学校"，在于要求扩大教育的对象、学习的内容，让更多的人受教育。他指出："我们主张'社会即学校'，是因为在'学校即社会'的主张下，学校里的东西太少，不如反过来主张'社会即学校'，教育的材料、教育的方法、教育的工具、教育的环境，都可以大大增加，学生、先生也可以更多起来。"陶行知认为："学校即社会，就好像把一只活泼泼的小鸟从天空中捉来关在笼里一样。它要以一个小的学校去把社会上所有的一切东西都吸收进来，所以容易弄假。""社会即学校"就是"要把笼中的小鸟放到天空中去，让它能任意翱翔"，"把学校的一切伸张到大自然里去"。由此可见"社会即学校"的基本内涵包括：（1）学校教育的内容和范围不仅限于书本和教室，教育的范围应扩大到大自然、大社会和人民群众中去。（2）整个社会是生活的场所，也是教育的场所。社会的每一个角落都具有教育的功能，社会就是一个大学校。（3）学校教育必须与社会实践相联系，要根据社会需要办教育。

3.教学做合一

"教学做合一"是生活教育理论的教学论。关于"教""学""做"的关系，陶行知指出："在做上教的是先生；在做上学的是学生。从先生对学生的关系说：做便是教；从学生对先生的关系说：做便是学。先生拿做来教，乃是真教；学生拿做来学，方是实学。不在做上用工夫，教固不成为教，学也不成为学。""教学做合一"是生活现象之说明，即教育现象之说明，"在生活里，对事说是做，对己之长进说是学，对人之影响说是教，教学做只是一种生活之三方面，而不是三个各不相谋的过程。""教学做是一件事，不是三件事。我们要在做上教，在做上学"，"事怎样做便怎样学，怎样学便怎样教。教而不做，不能算是教；学而不做，不能算是学。教与学都以做为中心。"

陶行知所说的"做"，用现在的话说就是生活实践、社会实践，是发现问题、分析问题、解决问题的活动。

陶行知的生活教育理论对中国乃至世界教育改革产生了重要影响，至今仍然对教育具有重要的现实指导意义，特别是我国新课程改革以来推进综合实践活动和研学旅行课程的重要理论基础。

三、罗杰斯的人本主义教育理论

罗杰斯（Carl Ranson Rogers，1902—1987）是20世纪中后期美国最著名的人本主义教育家、心理学家之一，其教育思想至今仍有重要的影响。

罗杰斯坚持教育要"以人为中心"，教育的目的应该是"整体的人"的发展，应该追求"完整的人格"。他反对传统教学中注重知识的灌输、扼杀学生的好奇心和学习兴趣、把认知和情感分离的教学方式，强调教学应该知情合一。罗杰斯认为，教学应该是促进学生自由学习的过程，教师的角色应该是学生学习的"促进者"。教师的作用应该是帮助学生发现所学习的东西的意义，帮助学生安排好学习活动和材料。学生应该是学习的主人，教师应该是学生学习的助手、催化剂或促进者。在教学方法上，罗杰斯认为教学不是直接传授和灌输某种知识，而是传授获取知识的方法。他主张，教学活动应该是给学生提供组织好的材料，引导和启发学生自己去学习。

研学旅行课程，恰恰是能够体现罗杰斯的这些教育思想的学习载体，学生在旅行过程中通过对课程设计中选择并安排好的资源的学习，实现全面的自主的发展。教师在教学过程中只是起到组织引导作用，学习是在真实体验下的有意义的学习。

四、拉尔夫·泰勒的课程原理

1949年，拉尔夫·泰勒出版了他的经典著作《课程与教学的基本原理》。这部著作的出版，对课程理论的发展产生了重要而深远的影响，基本上界定了课程内涵的基本要素。1981年，泰勒的《课程与教学的基本原理》与杜威的《民主主义与教育》一起被美国《卡潘》杂志评为自1906年以来在学校课程领域影响最大的两部著作。

在《课程与教学的基本原理》一书中，泰勒给出了分析、诠释和制订学校课程与教学计划的基本原理，这一原理包括四个基本问题：

1.学校应力求达到何种教育目标？

2.要为学生提供怎样的教育经验才能达到这些教育目标？

3.如何有效地组织这些教育经验？

4.我们如何才能确定这些教育目标正在得以实现？

这四个基本问题正是任何课程及教学计划都必须回答的问题。

这四个问题，用今天的话来说，就是课程目标、课程内容、课程实施和课程评价四个课程要素。

研学旅行作为一门课程，那么在课程的开发与设计时，就必须要包括这四个基本要素。

五、基于核心素养的教育理论

2014年，教育部印发《关于全面深化课程改革落实立德树人根本任务的意见》，提出"教育部将组织研究提出各学段学生发展核心素养体系，明确学生应具备的适应终身发展和社会发展需要的必备品格和关键能力"。

此后，林崇德教授领衔的由北京师范大学等多所高校的近百名研究人员组成的学生核心素养研究联合课题组，历时近三年获得研究成果。研究成果获得教育部审核通过，于2016年9月13日向社会发布。

学生发展核心素养，主要指学生应具备的，能够适应终身发展和社会发展需要的必备品格和关键能力。研究学生发展核心素养是落实立德树人根本任务的一项重要举措，也是适应世界教育改革发展趋势、提升我国教育国际竞争力的迫切需要。

学生发展核心素养以培养"全面发展的人"为核心，分为文化基础、自主发展、社会参与3个方面，综合表现为人文底蕴、科学精神、学会学习、健康生活、责任担当、实践创新六大素养，具体细化为国家认同等18个基本要点。各素养之间相互联系、互相补充、相互促进，在不同情境中整体发挥作用。

学生核心素养的内涵包括：

（一）文化基础

文化是人存在的根和魂。文化基础，重在强调能习得人文、科学等各领域的知识和技能，掌握和运用人类优秀智慧成果，涵养内在精神，追求真善美的统一，发展成为有宽厚文化基础、有更高精神追求的人。

1.人文底蕴

主要是学生在学习、理解、运用人文领域知识和技能等方面所形成的基本能力、情感态度和价值取向。具体包括人文积淀、人文情怀和审美情趣等基本要点。

2.科学精神

主要是学生在学习、理解、运用科学知识和技能等方面所形成的价值标准、思维方式和行为表现。具体包括理性思维、批判质疑、勇于探究等基本要点。

（二）自主发展

自主性是人作为主体的根本属性。自主发展，重在强调能有效管理自己的学习和生活，认识和发现自我价值，发掘自身潜力，有效应对复杂多变的环境，成就出彩人生，发展成为有明确人生方向、有生活品质的人。

1. 学会学习

主要是学生在学习意识形成、学习方式方法选择、学习进程评估调控等方面的综合表现。具体包括乐学善学、勤于反思、信息意识等基本要点。

2. 健康生活

主要是学生在认识自我、发展身心、规划人生等方面的综合表现。具体包括珍爱生命、健全人格、自我管理等基本要点。

（三）社会参与

社会性是人的本质属性。社会参与，重在强调能处理好自我与社会的关系，养成现代公民所必须遵守和履行的道德准则和行为规范，增强社会责任感，提升创新精神和实践能力，促进个人价值实现，推动社会发展进步，发展成为有理想信念、敢于担当的人。

1. 责任担当

主要是学生在处理与社会、国家、国际等关系方面所形成的情感态度、价值取向和行为方式。具体包括社会责任、国家认同、国际理解等基本要点。

2. 实践创新

主要是学生在日常活动、问题解决、适应挑战等方面所形成的实践能力、创新意识和行为表现。具体包括劳动意识、问题解决、技术应用等基本要点。

学生核心素养体系的颁布，明确了学生应具备的适应终身发展和社会发展需要的必备品格和关键能力。对于核心素养体系中的绝大多数要素指标，研学旅行课程都是很好的教育载体。学生核心素养培养体系，是制订研学旅行课程目标的重要依据，为研学旅行课程提供了坚实的新的理论基础。

第二节　研学旅行的课程定位

　　什么是研学旅行？近年来关于研学旅行的文章很多，很多研究人员从不同角度给出了定义。在这里我们从国家有关部门发布的政策文件中给出的定义进行分析界定。关于研学旅行概念给出明确定义的文件主要有两个，一个是教育部等11部门联合发布的《关于推进中小学研学旅行的意见》，一个是国家旅游局发布的《研学旅行服务规范》。

　　《关于推进中小学研学旅行的意见》给出的定义是：中小学生研学旅行是由教育部门和学校有计划地组织安排，通过集体旅行、集中食宿方式开展的研究性学习和旅行体验相结合的校外教育活动，是学校教育和校外教育衔接的创新形式，是教育教学的重要内容，是综合实践育人的有效途径。

　　《研学旅行服务规范》给出的定义是：研学旅行是以中小学生为主体对象，以集体旅行生活为载体，以提升学生素质为教学目的，依托旅游吸引物等社会资源，进行体验式教育和研究性学习的一种教育旅游活动。

　　对比两个文件给出的定义可以更全面地认识研学旅行的内涵。教育部在《关于推进中小学研学旅行的意见》给出的定义中更加强调研学旅行的教育本质，强调教育部门和学校是研学旅行的组织实施主体，指出研学旅行的实施方式是校外集体生活，明确研学旅行的教学内容是研究性学习和旅行体验相结合，其本质是校外综合实践育人活动。国家旅游局在《研学旅行服务规范》给出的定义中在明确研学旅行的教育特征的同时，强调了旅游吸引物等社会资源在研学旅行中的作用，指出研学旅行是一种教育旅游活动。两个定义分别从各自的领域强调了研学旅行的教育本质和旅游特征。二者结合起来，就是研学旅行的概念内涵：研学旅行是校外综合实践教育，也是一种教育旅游活动。作为校外综合实践教育的研学旅行是一门课程，应该符合综合实践教育的课程规范；作为教育旅游活动的研学旅行是一种旅游产业，应该符合旅游产业的运营服务规范。

本书中我们主要探讨作为课程的研学旅行的概念内涵和课程定位。

研学旅行是一门怎样的课程呢？与传统的观光旅游有何区别？与传统的学科课程有什么区别呢？无论是对研学旅行课程的开发还是实施，首先都需要对研学旅行课程进行准确定位。研学旅行的课程定位，是研学旅行的课程的根本，也是科学开发和设计课程，规范有效地实施课程的重要前提。

首先，研学旅行不同于一般的观光旅游活动，研学旅行是一门课程，其本质是实践教育课程。既然是一门课程，那就必须有明确的教学目标，系统的教学内容，规范的实施过程和科学的评价体系。研学旅行课程不同于一般的旅游活动，具有以下显著特征：

1. 研学旅行不同于一般的观光旅游活动，具有明确的教学目标。

一般的观光旅游活动无论是目的还是行程，都具有随意性。活动目的主要在于欣赏和体验，行程的选择完全取决于个人的兴趣、身体及经济条件。而作为课程的研学旅行则具有明确的、统一的教学目标。旅行是课程实施的特殊方式，是通过旅行让学生体验、探究、分析行程中的教育资源，学会科学规范地研究现实问题的过程与方法，同时培养学生多领域的核心素养，塑造正确的人生观、世界观和价值观的一种课程实施形式。所以说，研学旅行的本质是实践教育课程。

2. 研学旅行的线路不同于一般的观光旅行线路，具有明确的研学主题。

线路上的每一个景点都是一个教学单元，每一个单元都是线路总的研学主题的组成部分。所以，研学旅行的线路设计具有课程与教学内容的整体性和系统性。

其次，作为一种综合实践活动，研学旅行课程也不同于传统的学科课程。主要有以下几方面的特点：

1. 教学目标的多元性

研学旅行课程有明确的、统一的教学总目标，但根据旅行资源的不同属性和特点，不同的旅行线路，不同的景点资源，又必然产生不同的具体的教学目标。因此在课程教学目标的确定时，必须依据不同资源的特殊属性，设定不同的、具体的课程目标。

2. 教学内容的开放性

研学旅行不同于一般的学科课程，几乎没有学科内容的边界。理论上任何内容、一切现有的物质的文化的存在都可以成为研学旅行的课程和教学资源，因为任何现实的存在都有现实的或潜在的值得研究的问题。当然我们在实际进行课程内容开发的时候必须考虑资源的典型性。

3. 教学内容的独立性

不同于一般学科课程内容的系统性，研学旅行的课程内容可以是独立的。每一条线路都可以独立完成课程教学目标，各线路的教学内容之间不具有关联性。所以，研学旅行的课程内容在不同线路之间具有独立性，而在每一条线路的不同景点，也就是教学单元之间又具有整体性。研学旅行的教学内容具有独立性和整体性的双重特点。

4. 教学过程的实践性

研学旅行不同于一般学科课程，课程的实施必须通过学生的亲身实践完成，文献学习不能取代实践过程。学生必须亲身经历整个研学旅行过程，才能完成课程的学习。旅行过程本身既是课程实施的方式，又是课程实施的目标。

5. 教学结果的发散性

研学旅行不同于一般的学科课程，其教学结果与学生本人的特点密切相关。经历同样的研学旅行，参观同样的景点资源，每个研学旅行者关注点不同、文化背景不同、思维方式不同、情感态度与价值观不同，每个人的收获和感悟也一定不同。

第三，研学旅行是跨学科综合课程。研学旅行课程内容的开放性决定了研学旅行一定是一门跨学科的综合课程。地理、历史、政治、文学、科技等各个学科，农业、工业、渔业、商业、林业、服务业等各行各业，都可能在研学旅行的教学内容中涉及。所以，研学旅行课程，对开发者、实施者、学习者都具有较高的要求，相较于一般的学科课程，是一种新的挑战。

第四，研学旅行是中小学综合实践活动课程的重要组成部分。综合实践活动课程是国家课程的必修课程，所以，研学旅行是必修课程。

以高中课程为例。2017年山东省开启了高考综合改革，这次改革的力度和综合程度都远大于以前的历次改革。改革后的学生课程学分结构和课程安排指导方案都明确了研学旅行的课程要求。

山东省普通高中2017级学生课程学分结构表（节选）

科目		学分		一年级		二年级		三年级		备注
		必修	选修I	上学期	下学期	上学期	下学期	上学期	下学期	
综合实践活动	考察探究活动	6				6				选修Ⅱ课程（含各学科课程标准中选修Ⅱ模块、专题教育及地方课程、校本课程）
	社会服务活动	5				5				
	职业体验活动	4				4				
	党团教育活动	1				1				

山东省普通高中2017级学生课程安排指导表（节选）

时间　科目		第一学年				第二学年				第三学年			
		上学期		下学期		上学期		下学期		上学期		下学期	
		学段1	学段2	学段3	学段4	学段1	学段2	学段3	学段4	学段1	学段2	学段3	学段4
综合实践活动	考察探究活动	包含研究性学习、研学旅行、野外考察等，至少完成2个课题（或项目）											
	社会服务活动	以公益活动、志愿服务为主，三年不少于25个工作日											
	职业体验活动	其中，军训1学分；职业行业体验3学分，合并到学生发展指导课程中一并实施											
	党团教育活动	1学分											

　　《山东省普通高中2017级学生课程学分结构表》（节选）明确表明，综合实践活动课程中的考察实践活动占有6个必修学分，也就意味着这是必修课程。而《山东省普通高中2017级学生课程安排指导表》（节选）中明确研学旅行是考察实践活动的重要内容。这就充分明确了研学旅行在高中必修课程中的地位。

　　另外，研学旅行课程的研修成果还是高中学生综合素质评价的重要组成部分，是未来高校招生的重要参考指标。本次高考综合改革已经明确，山东省2020年高校招生实行"两依据，一参考"。"两依据"是指依据学生当年高考统考的语文、数学、外语三门课的高考成绩和考生在物理、化学、生物、历史、地理、思想政治六门课程中所选三门课程的等级考成绩，

"一参考"是指参考学生综合素质评价报告。未来如果学生没有拿到合格的研学旅行研修成绩，将影响学生的高考录取。

为落实教育部等 11 部门《关于推进中小学生研学旅行的意见》，山东省教育厅、山东省发展改革委员会、山东省公安厅、山东省财政厅、山东省交通运输厅、山东省文化厅、山东省林业厅、山东省食品药品监督管理局、山东省旅游发展委员会、中国保监会山东监管局、共青团山东省委、济南铁路局等12部门于2017 年 7 月 4 日联合发布《山东省推进中小学生研学旅行工作实施方案》。方案中明确规定："各地教育行政部门要指导和帮助中小学把研学旅行纳入学校教育教学计划，与综合实践活动课程统筹考虑，促进研学旅行和学校课程有机融合，科学设计研学旅行活动课程内容。学校每学年安排集体研学旅行不少于 2 次，一般安排在小学四到六年级、初中一到二年级、高中一到二年级，尽量错开旅游高峰期。逐步建立小学阶段以乡土乡情为主、初中阶段以县情市情为主、高中阶段以省情国情为主的研学旅行活动课程体系。"

综上所述，研学旅行不同于一般的旅游活动，研学旅行是一门实践教育课程，其本质是教育。研学旅行是综合实践活动课程的重要组成部分，是学生的必修课程。

第三节　研学旅行课程的设计原则

教育部等11部门《关于推进中小学生研学旅行的意见》（以下简称《意见》）是中小学研学旅行课程的基础性文件。《意见》对研学旅行工作明确提出了四项基本要求：

1. 以立德树人、培养人才为根本目的

《意见》指出："让广大中小学生在研学旅行中感受祖国大好河山，感受中华传统美德，感受革命光荣历史，感受改革开放伟大成就，增强对坚定'四个自信'的理解与认同；同时学会动手动脑，学会生存生活，学会做人做事，促进身心健康、体魄强健、意志坚强，促进形成正确的世界观、人生观、价值观，培养他们成为德智体美全面发展的社会主义建设者和接班人"。这些要求和中小学生核心素养体系的要素是完全相符合的，所以，研学旅行课程对于培养学生的核心素养有不可替代的教育意义。

2. 以预防为重、确保安全为基本前提

安全是研学旅行课程设计与实施的基本前提，没有安全，一切都将失去意义。安全保障要以预防为主，要在行前课程中加强教育培训，要制订各种必要的应急预案。

3. 以深化改革、完善政策为着力点

研学旅行是跨学科、跨领域、跨行业的综合实践活动课程，既是教育行为，又是旅游活动。要切实推进研学旅行教育工作，就必须深化改革、完善政策，调动各方面的积极性，相互配合，通力协作。

4. 以统筹协调、整合资源为突破口，因地制宜开展研学旅行

研学旅行的课程资源极其广泛，涉及教育、旅游、体育、科技、文化、农林牧渔、交通、公安、保险、食品药品监管等各个行业，只有对资源进行统筹协调、有效整合，才能突出教育主题，产生课程实施的教育效果。

《意见》还对研学旅行工作提出了四项工作原则：

1. 教育性原则

研学旅行要结合学生身心特点、接受能力和实际需要，注重系统性、知识性、科学性和趣味性，为学生全面发展提供良好成长空间。

2. 实践性原则

研学旅行要因地制宜，呈现地域特色，引导学生走出校园，在与日常

生活不同的环境中拓展视野、丰富知识、了解社会、亲近自然、参与体验。

3. 安全性原则

研学旅行要坚持安全第一，建立安全保障机制，明确安全保障责任，落实安全保障措施，确保学生安全。

4. 公益性原则

研学旅行不得开展以营利为目的的经营性创收，对贫困家庭学生要减免费用。

《关于推进中小学生研学旅行的意见》所提出的关于研学旅行工作的四项基本要求和四项基本原则是研学旅行工作的总的依据和原则。研学旅行活动的筹备、组织与实施，必须遵照这些要求和原则进行。依据这些基本要求和基本原则，结合课程与教学的基本原理，研学旅行课程的设计应遵循以下原则：

1. 教育性原则

研学旅行是综合实践活动的组成部分，本质上是教育活动，所以研学旅行课程设计必须首先体现课程的教育性。教育性原则的落实主要在课程目标的确定和课程内容的选择与呈现上。课程目标的确定必须依据国家课程标准关于综合实践活动标准与研学旅行相关的规定，要结合研学旅行的具体资源的性质来科学地确定。课程内容的选择要有明确的教育主题，内容的呈现要能够引领学生进行深度的思考和体验，研究问题或作业的设置应该能够引领学生对学习、参观、游览、体验的旅行资源做更加系统和深入的分析和认识，对学生选定的研究课题提供相关的材料和思维启发有助于学生获得研究成果，或者有助于学生获得预期的情感体验和价值态度。

2. 安全性原则

课程设计要充分考虑课程的安全性，在景点线路的规划上要充分考虑景点资源的安全性，在研学手册中尽可能列出详细的注意事项，科学制订安全防范措施和应急预案，在行前课程中专门开设安全教育单元。课程的设计还要充分考虑学生的学段生理特点，旅行的运动量要设计在合理的范围，既要能够达到锻炼学生毅力的教学目标，也要注意不能超过学生所能够承受的合理限度。

3. 科学性原则

课程的科学性首先应该体现在要符合课程原理的基本规范。研学课程必须要有明确、具体、准确的课程目标，要有完善、合理、适切的课程内容，要有规范、有效、深刻的课程实施方案，要有科学、全面、多元的课程评价。

4. 综合性原则

研学旅行是一门多学科综合的跨学科课程。在课程设计时要充分挖掘旅行资源的学科课程属性，在研学实践中体验、巩固、深入理解学科知识，拓展学科知识的外延。体验现实问题的复杂性和综合性，学会综合运用学过的知识分析解决现实问题，把书本上的知识变成现实中的知识，把"死的知识"变成"活的知识"，通过知识的综合运用形成解决问题的能力。

5. 模块化原则

课程设计要有总的研学主题。总的课程由若干模块组成，每一个景点就是一个课程模块，也就是一个课程单元。每一个模块或单元应该突出体现课程主题的一部分或几部分内涵，各个模块或单元组成完整的课程体系，表达课程的完整的教育主题。由景区或研学实践教育基地基于自己的资源打造的课程可以自成一个模块，但要结合周边区域的景区资源打造适合不同的旅行线路主题的模块表达形式，以便能够植入到不同的旅行线路中去。

6. 体验性原则

研学旅行是通过旅行体验达成课程教学目标，是多感官刺激，在场景化、情境化的教学场景中实施教学的特殊课程。课程的教学方式不是以传授为主，课程目标的达成以体验自主生成为主要途径。所以在课程设计时要考虑调动学生多种感官的综合运用，让学生通过对情境化知识的体验形成正向的情感和正确的态度与价值观。

7. 多元化原则

学校应同时安排多种主题或多种类型的研学旅行课程，给学生提供多元化的课程选择。既要考虑研学内容和研学主题的多元化，也要考虑学生不同的生理和经济承受能力。每一课程在模块设计安排时要考虑模块内容的多元化，模块的设置要能够多角度体现教育主题的完整性和丰富性。研学旅行要实现多元化评价，就评价对象而言应包括对学生的评价、对课程的评价、对承办方的评价；就评价的内容而言要从不同的维度上对学生的旅行过程表现和研学成果进行综合评价。

8. 适切性原则

由学校自行开发的课程以及学校委托承办方或通过招标开发的课程，必须适合主办方学校的学生情况，符合学校的相关教学理念和课程设计要求。由景区或研学实践教育基地基于自有资源设计的课程要考虑不同学生的学段特点，要满足多学段适切，对不同学段的学生以不同的内容呈现方式体现。课程还要满足多时段适切，同一景点的旅行资源的课程表达要能够满足学生不同时长的学习要求，比如既可以满足半天行程的研学旅行，也可以满足一天或更长一点的时间的研学旅行。

思 考 题

1. 简述杜威的生活教育理论的主要观点，分析其理论对研学旅行课程的指导意义。

2. 简述陶行知的生活教育理论的主要观点，分析其理论对研学旅行课程的指导意义。

3. 简述罗杰斯的人本主义教育理论的主要观点，分析其理论对研学旅行课程的指导意义。

4. 简述泰勒的课程原理的主要观点，分析其理论对研学旅行课程的指导意义。

5. 从学生发展核心素养的角度，谈一下实施研学旅行课程的重要意义。

6. 研学旅行与一般的观光旅游活动相比有哪些特点？

7. 研学旅行课程与传统的学科课程相比有哪些特点？

8. 教育部等11部门《关于推进中小学生研学旅行的意见》是中小学研学旅行课程的基础性文件。该意见对研学旅行工作明确提出了哪四项基本要求？

9. 《关于推进中小学生研学旅行的意见》对研学旅行工作的开展给出了哪四项工作原则？

10. 好的课程设计是研学旅行工作的基础，研学旅行课程设计应该遵循哪些原则？

第一节　研学旅行课程目标的特点

一、研学旅行课程目标的特点

研学旅行是一门行走中的课程，是没有教室、没有课本的课程。研学旅行的这些不同于普通学科的特点，也就决定了其课程目标不同于普通学科。

1.研学旅行课程目标的综合性

基于跨学科综合课程的性质，研学旅行的课程目标必然是综合性的。

学生参加研学旅行首先要学习新知识，并通过对所学知识的综合应用形成能力，在旅行的过程中体验与感悟，在问题解决中拓展思维与方法，在体验、感悟、探究中培养对生命、对同伴、对自然、对家乡、对社会、对国家的情感，形成正确的人生观、价值观和世界观。所以，在研学旅行课程的设计中，课程目标的设定应该涵盖知识与能力、过程与方法、情感态度与价值观三维目标的各个方面，而且要以情感态度与价值观目标为着力点。

参照学生核心素养体系，研学旅行课程目标的综合性还体现在对研学旅行课程资源进行合理的规划和整合，体现核心素养指标体系中的全部18个基本要点。在课程设计时，每一个单元或模块要依据核心素养指标体系，结合课程内容的资源属性，科学设置课程目标。

作为综合实践课程的一部分，研学旅行课程的综合性还表现在通过研学旅行达成的探究方法、思维方式、表达技巧、交往能力和科研素养，这是学习所有学科都需要的基本能力，也是未来生活、工作的基本素养。

2. 研学旅行课程目标的过程性

研学旅行作为一种体验式教育的旅游活动，几乎所有的课程教学目标都需要通过旅行过程才能达成。旅行过程是实现课程目标的途径和载体。作为课程目标实现途径和载体的旅行过程包括两个层面的过程：一是外显的过程，包括参观、游览、动手制作、观察、记录、合作交流等活动。学生会在这些活动过程中获得教学资源蕴含的知识，可以实现观察分析、资料收集、动手体验、表达交流、行为规范的外显的课程目标。二是内化的过程，包括探究资料的归纳与分析、游览参观过程中的思考与感悟、由教学资源激发出的情感态度与价值观。这些内化的活动过程是研学旅行课程目标更深层的实现，是思维能力和情感态度与价值观课程目标实现的根本途径，也是研学旅行课程最高的价值诉求。

研学旅行课程目标的过程性还体现在过程本身即课程目标。通过研学旅行课程的实施，学生要从中学到旅行的方法和技巧，学会旅行的规范，形成旅行中良好的行为素养，养成热爱旅行的生活态度。

3. 研学旅行课程目标的实践性

生活教育理论是研学旅行的理论基础。无论是杜威的"从做中学"，还是陶行知的"教学做合一",用今天的话来说,他们在本质上都是提倡要学以致用、要理论联系实际,要在实践中学习、要向实践学习。研学旅行课程本身就是综合实践活动课程的组成部分,作为实践课程的研学旅行,其教学目标必须体现实践和探究的特征。知识目标要从旅行参观实践中获取,能力目标必须通过旅行实践中的探究与分析达成,情感态度与价值观目标也必须在实践探究和亲身体验中形成。

4. 研学旅行课程目标的发散性

研学旅行课程的课程目标包括两个层面,一是课程的总体目标,二是课程的具体目标。

研学旅行课程的总体目标由课程定位决定,总体目标决定了通过实施研学旅行课程,学生应该形成哪些方面的核心素养,应该具备哪些基本能力,应该形成什么样的价值取向,无论哪一种研学旅行,都必须围绕实现这些总体目标设计课程。

研学旅行课程的具体目标则具有显著的发散性,这种发散性体现在两个方面:一是不同线路课程的具体目标不同。研学旅行课程的具体目标是依据课程的资源属性设计的,不同线路课程的资源属性不同,课程的具体目标也不同。二是课程在实施过程中学生的学习结果各不相同。根据教育心理学,教学目标是学生预期的学习结果。即使在同一线路的同一团队的课程实施过程中,每个学生的学习结果也一定是不同的,由于研学旅行学习资源的情境化和多元化,每个学生观察分析问题的角度不同,原有的能力基础和生活价值认同基础不同,其学习结果也一定是不同的。所以在课程设计时对具体教学目标的设定时必须考虑这一特征,不宜设置僵化的课程具体目标。

二、研学旅行课程目标的陈述与表达

三维目标陈述是新课程改革以来在基础教育领域推行的教学目标陈述

方法，在学科教学领域已经得到普遍应用。三维目标陈述的方法对综合实践活动课程也同样适用。三维目标的内容包括：知识与技能目标、过程与方法目标、情感态度与价值观目标。

1. 知识与技能目标

主要包括人类生存所必需的核心知识和学科基本知识；基本能力包括获取、收集、处理、运用信息的能力，创新精神和实践能力，终身学习的愿望和能力。

知识与技能目标案例：

（1）了解泰山的封禅文化及其在儒家文化中的特殊地位。（泰山学习单元）

目标说明：本目标陈述侧重于知识的学习。

（2）观察酒泉卫星发射中心所处地区的地理和气候特征，分析发射基地在此选址的原因。（酒泉卫星发射中心学习单元）

目标说明：本目标陈述侧重于基本能力中的观察、信息收集及分析运用能力。

2. 过程与方法目标

主要包括人类生存所必需的过程与方法。"过程"是指应答性学习环境的交往、体验。"方法"包括基本的学习方式，例如自主学习、小组合作学习、发现式学习、探究式学习等。

过程与方法目标案例：

（1）通过参加凤凰古城篝火晚会，体验苗族的民族风情。（凤凰古城学习单元）

目标说明：本目标陈述侧重于通过交往、体验的方法进行学习。

（2）通过小组为单位的入户采访了解当地农民的生活现状和制约经济发展的主要因素。（农村调查学习单元）

目标说明：本目标陈述侧重于具体的学习方式。

3.情感态度与价值观目标

"情感态度"包括学习兴趣、学习责任、乐观的生活态度、求实的科学态度和宽容的人生态度。"价值观"既强调个人的价值，更强调个人价值和社会价值的统一；既强调科学的价值，更强调科学的价值和人文价值的统一；既强调人类价值，更强调人类价值和自然价值的统一，从而使学生内心确立起对真善美的价值追求以及人与自然和谐和可持续发展的理念。

情感态度与价值观目标案例：

（1）品读杜甫经典诗篇，发现杜甫诗歌的艺术价值，体悟诗人心系黎民百姓、情系家国的高尚情怀。（杜甫草堂学习单元）

目标说明：本目标陈述侧重于对诗歌的欣赏和诗人所表达的情感态度的体验。

（2）通过参观卫星发射基地，深刻理解"两弹一星"精神，确立崇尚科学，献身国防，为国家和民族承担使命的责任意识、担当意识和理想信念。（酒泉卫星发射中心学习单元）

目标说明：本目标陈述侧重于科学价值和爱国主义的价值观教育。

（3）感受天安门升国旗现场的庄严与肃穆，体验升旗仪式所激发的民族自豪感，提升爱国情怀和责任担当意识，确立"四个自信"信念。（天安门升旗仪式学习单元）

目标说明：本目标侧重于爱国主义价值观的确立。

第二节　研学旅行课程的总体目标

一、研学旅行课程总目标的内涵

　　研学旅行的课程目标包括总体目标和具体目标两部分。研学旅行课程的总体目标是指所有的研学旅行课程都必须要达成的目标，无论研学旅行的线路有何差异，学习游览的资源属性有何区别，通过课程的实施，都必须达成这样的教育目标。

　　国家关于研学旅行的相关文件明确了研学旅行作为课程的价值和意义，也确定了课程的总体目标。所以，研学旅行课程总体目标的确定应该依据国家出台的相关文件，研学旅行课程的具体目标则应依据课程资源的性质制订。

　　教育部等11部门联合发布的《关于推进中小学生研学旅行的意见》指出：研学旅行要"以立德树人、培养人才为根本目的"，"让广大中小学生在研学旅行中感受祖国大好河山，感受中华传统美德，感受革命光荣历史，感受改革开放伟大成就，增强对'四个自信'的理解与认同；同时学会动手动脑，学会生存生活，学会做人做事，促进身心健康、体魄强健、意志坚强，促进形成正确的世界观、人生观、价值观，培养他们成为德智体美全面发展的社会主义建设者和接班人"。

　　教育部2017年9月25日颁布的《中小学综合实践活动课程指导纲要》（以下简称《纲要》），明确规定了综合实践活动的课程目标，研学旅行是综合实践活动的重要组成部分，《纲要》对综合实践活动课程目标的规定，也是研学旅行课程目标的确定依据。关于综合实践活动课程目标，《纲要》指出："学生能从个体生活、社会生活及与大自然的接触中获得丰富的实践经验，形成并逐步提升对自然、社会和自我之间内在联系的整体认识，具有价值体认、责任担当、问题解决、创意物化等方面的意识和能力。"

从两个文件的相关表述可以得知，研学旅行课程的总目标包括以下几个方面的内涵：

1. 研学旅行课程的根本目标是立德树人、培养人才。

2. 研学旅行课程要培养学生学习、生活、做人、做事的能力，培养研究问题、解决问题的能力。

3. 研学旅行课程要促进学生身心健康、体魄强健、意志坚强，形成健全的人格和坚强的品质。

4. 研学旅行课程要培养学生对国家的情感和文化、对历史和国家建设成就的认同，增强对"四个自信"的理解与认同。

5. 研学旅行课程要培养学生对自我、对他人、对社会和对自然的正确认知与态度，培养责任担当的意识。

6. 研学旅行课程要促进学生形成正确的世界观、人生观、价值观，培养他们成为德智体美全面发展的社会主义建设者和接班人。

二、研学旅行课程的学段总目标

《纲要》从价值体认、责任担当、问题解决、创意物化等方面明确了中小学综合实践活动课程的学段目标，其中价值体认、责任担当、问题解决三个方面的目标都与研学旅行课程有关。

1. 小学阶段总体目标

《纲要》中与小学学段研学旅行课程目标有关的具体表述为：

（1）价值体认：获得有积极意义的价值体验，理解并遵守公共空间的基本行为规范，初步形成集体思想、组织观念，培养对中国共产党的朴素感情，为自己是中国人感到自豪。

（2）责任担当：初步养成自理能力、自立精神、热爱生活的态度，具有积极参与学校和社区生活的意愿。

（3）问题解决：发现并提出自己感兴趣的问题，能将问题转化为研究小课题，体验课题研究的过程与方法，提出自己的想法，能够对问题做出初步解释。

可见，对小学生而言，在价值体认方面，要让学生获得初步的价值体验，理解并遵守基本的行为规范，培养对集体、社会、党和国家的朴素情感。在责任担当方面，重在培养学生的自理能力和参与意识。在问题解决方面，重点在于培养学生发现问题的能力，并体验解决问题的过程与方法，能够提出自己的想法和解释。简单来说，小学学段研学旅行课程要让学生通过体验、感知，学会基本的规范，发展基本的能力，形成正确的情感态度与价值观。

2. 初中阶段总体目标

《纲要》中与初中学段研学旅行课程目标有关的具体表述为：

（1）价值体认：亲历社会实践，加深有积极意义的价值体验。能主动分享体验和感受，与老师、同伴交流思想认识，形成家乡情怀，国家认同，热爱中国共产党。通过职业体验活动，发展兴趣专长，形成积极的劳动观念和态度，具有初步的生涯规划意识和能力。

（2）责任担当：养成独立的生活习惯，初步形成探究社会问题的意识，初步形成对自我、学校、社会负责任的态度和社会公德意识，初步具备法治观念。

（3）问题解决：能关注自然、社会、生活中的现象，深入思考并提出有价值的问题，将问题转化为有价值的研究课题，学会运用科学方法开展研究。能主动运用所学知识理解与解决问题，并做出基于证据的解释，形成基本符合规范的研究报告或其他形式的研究成果。

由以上目标陈述可知，初中学段，在价值体认方面，要让学生获得初步的价值认同。在责任担当方面，重在培养学生的独立意识，形成正确的认知和态度。在问题解决方面，重点在于培养学生学会基于问题的课题研究的基本规范。

3. 高中阶段总体目标

《纲要》中与高中学段研学旅行课程目标有关的具体表述为：

（1）价值体认：深化社会规则体验、国家认同、文化自信，初步体悟个人成长与职业选择、社会进步、国家发展和人类命运共同体的关系，增强根据自身兴趣专长进行生涯规划和职业选择的能力，强化对中国共产党的认识和感情，具有建设中国特色社会主义共同理想和国际视野。

（2）责任担当：关心他人、社区和社会发展，能持续地参与社区服务与社会实践活动，关注社区及社会存在的主要问题，热心参与志愿者活动和公益活动，增强社会责任意识和法治观念，形成主动服务他人、服务社会的意识，理解并践行社会公德，提高社会服务的能力。

（3）问题解决：能对个人感兴趣的领域开展广泛的实践探索，提出具有一定新意和深度的问题，综合运用知识分析问题，用科学方法开展研究，增强解决实际问题的能力。能及时对研究过程及研究结果进行审视、反思并优化调整，建构基于证据的、具有说服力的解释，形成比较规范的研究报告或其他形式的研究成果。

以上目标陈述表明，对高中学段而言，在价值体认方面，要让学生形成正确的人生观、世界观和价值观，强化国家认同，坚定"四个自信"。在责任担当方面，重在培养学生的社会责任意识和法治观念，提高服务社会的能力。在问题解决方面，重点在于培养学生的探索实践能力，学会课题研究的科学规范，具备撰写规范的研究报告和其他成果表达形式的能力。

在进行研学旅行课程设计时，可以依据相关国家文件的具体要求，结合学生核心素养培养体系的有关指标，科学界定并规范陈述研学旅行课程各学段的总体目标。

第三节　研学旅行课程的具体目标

研学旅行课程的具体目标是指在具体的研学旅行课程中，依托学习游览资源的属性，通过学习可以达成的具体目标。研学旅行课程的具体目标根据具体学习资源的不同会有所区别。具体目标通常在单元或模块的课程表达中出现，在不同线路的课程中表现为课程主题的差异。

科学、准确、适切地制订研学旅行课程的具体目标，是研学旅行区别于观光旅行，能够取得课程教育效果的重要基础。要准确地制订研学旅行课程的具体目标，首先要准确界定学习游览资源的属性。

总的来看，研学旅行的学习游览资源具有五个方面的属性，即文化属性、自然属性、历史属性、科技属性和教育属性。一个单元或模块的学习资源，可以同时具备一个或多个属性，通常会有一个属性为该资源的主要属性。在不同主题的线路课程中，同一资源往往也需要体现或突出不同的属性。

下面我们通过具体案例来看一下如何依据学习资源的属性来确定研学旅行课程的具体目标。

1. 依据资源的文化属性

有的景点或实践教育基地具有典型的文化属性，是传统文化或地域文化的典型代表。当把这样的学习游览资源作为课程内容呈现给学生时，应该达成的学习结果首先应该是对资源所承载的文化知识的认识或再认识，对资源所表现的文化理念的认同或甄别，以及对资源所传递的文化价值的传承或思辨。

这样的学习游览资源如：山东曲阜"三孔"景区、山东邹城孟庙孟府景区、陕西黄帝陵景区、四川成都杜甫草堂景区等。

案例1：山东曲阜"三孔"景区学习单元课程目标

（1）认真学习研学导师讲解的景区中表现儒家文化的文物和相关知识，结合所学过的《论语》中的经典篇章，深刻理解儒家文化的核心内涵，思考儒家文化在现代社会教化中的作用和意义。

（2）孔子周游列国可以认为是我国最早的游学活动，全面了解孔子周游列国的历程，深刻理解孔子的游历对其思想发展所起的作用，体会研学旅行活动对个人人生发展的重要意义。

（3）认真观察学习景区中的碑刻艺术，了解我国碑刻在书法艺术和文化传承中的重要地位，了解拓片的制作工艺和拓片文化。

以上是依据山东曲阜"三孔"景区的文化属性确定的课程目标。而该景区同时也具备其他的属性，比如景区中的古树属于自然资源，据此可以制订相应的自然属性的课程目标。孔府和孔林所记载的孔氏家族史，也具有历史资源属性，可以据此制订历史方面的课程目标。

案例2：四川成都杜甫草堂景区学习单元课程目标

（1）走进杜甫草堂，了解诗人的流寓生活的背景，吟诵《茅屋为秋风所破歌》，体悟诗人身处逆境仍心系黎民的博大胸怀。

（2）杜甫和李白被后人分别尊称为"诗圣"和"诗仙"，并称"李杜"，分别为唐代诗人中现实主义和浪漫主义的代表，品读"李杜"的经典诗歌，体验他们诗歌不同的艺术风格，感受他们在表达家国情怀时的异同。

2. 依据资源的历史属性

一般来说，多数具有文化属性的学习资源也同时具有历史属性，而以历史属性为主要特征的学习资源，通常也都具有文化属性。但是二者之间还是有着明显的区别的，有的以文化属性为主，有的以历史属性为主。比如同样是博物馆，民俗博物馆就是以文化属性为主，而历史博物馆则以历史属性为主。同样是名人主题的景点，武侯祠展现给学习者的是诸葛亮所处的三国时期的历史画卷，以历史属性为主；而杜甫草堂则呈现给学习者的是唐诗和唐代诗人的艺术殿堂，以文化属性为主。

以历史属性为主的学习资源主要有各地的历史博物馆，例如中国历史博物馆、陕西历史博物馆等；还有重要历史人物、历史事件的纪念馆以及考古和文化文明遗址，例如台儿庄大战纪念馆、西柏坡纪念馆、彭德怀纪念馆、林则徐纪念馆、圆明园遗址公园、城子崖遗址等。

具有历史属性的学习资源的课程目标，要依据资源的特点，主要设定为学习和拓展历史知识，学会用历史唯物主义的思维分析历史，在历史事件的情境学习中形成正确的价值观。

案例3：台儿庄大战纪念馆学习单元课程目标

（1）通过参观纪念馆中的文物展品和历史资料，了解台儿庄战役的背景和敌我双方军力的基本情况，了解战役进程与结果，深刻理解此役的重大历史意义。

（2）了解参与战役指挥的将领，搜集他们在抗战中的事迹和历史贡献，感受他们抗日的爱国情怀。

（3）参观战役的全景画馆，感受战场的激烈战况，深刻理解战争的意义，珍惜当前国家的和平与安宁。

案例4：陕西历史博物馆学习单元课程目标

（1）走进陕西历史博物馆，走读周秦汉唐，感受我国历史上的繁华盛世，增强民族自豪感。

（2）对话文物，探究陕西独特的历史文化风貌和民俗风情形成的原因。

案例5：南京大屠杀纪念馆学习单元课程目标

（1）全面了解南京大屠杀的历史事实，了解日本侵略者在中国犯下的滔天罪行，铭记历史，勿忘国耻。

（2）了解南京大屠杀发生的历史背景，深刻理解落后就要挨打的历史教训。奋发有为，为献身国家建设大业，为保卫祖国的和平，为实现中华民族伟大复兴的中国梦努力学习。

3. 依据资源的自然属性

祖国的大好河山或秀美，或奇崛，或广袤，或雄壮，无数的风景名胜、无数的鬼斧神工，"江山如此多娇，引无数英雄竞折腰"。这些风景名胜都是具有自然属性的学习游览资源。

此类学习资源异常丰富，也是观光游的主要游览内容。在研学旅行课程中要特别注意区别于观光游，要突显课程目标的显著特征，要注意课程内容的呈现方式。

此类资源在课程目标的设置时，要主要突出感受与体验、欣赏与保护、考察与探究等过程与方法目标。

案例6：张掖丹霞国家地质公园学习单元课程目标

中国有三大特殊地质地貌，分别是雅丹地貌、喀斯特地貌、丹霞地貌，自己通过上网搜集信息，了解这三种地貌的特点和形成原因。

案例7：泰山学习单元与自然属性相关的课程目标

（1）行前查阅相关资料，了解泰山的地质特点，在登山游览的过程中搜集能够证明这些特点的地质证据。

（2）观察泰山植被特征，记录你所观察到的典型植物的特点，分析这些特点与泰山地理和气候特征的关系。

4. 依据资源的科技属性

具有科技属性的学习游览资源是研学旅行区别于一般的观光旅游资源的一个重要类别。在观光旅行的线路景点中一般不会涉及这一类景点。

具有科技属性的学习资源类型也很多，例如各地的科技馆、专业研究所、工厂的生产车间、大学或研究机构的实验室、工业遗址公园、农业试验田等等。

在对以科技属性为主要特征的学习资源进行课程设计时，其教学目标的设置一般要从知识与原理、科技发展的历史与现状、学生生涯规划的职业知识储备、科学研究和应用的体验、培养学生的科学兴趣、激发学生的爱国情怀等方面着力。

案例8：酒泉卫星发射中心学习单元课程目标

（1）学习卫星发射原理。

（2）了解地理、气候条件对卫星发射的影响。

案例9：首钢工业遗址公园学习单元课程目标

（1）学习了解钢铁生产的工艺流程。

（2）结合参观钢铁生产的工艺流程，回忆在各个生产环节上与所学化学知识相关的内容。

（3）通过首钢的历史，了解我国近现代钢铁工业的发展历史。

案例10：天津科技馆学习单元课程目标

（1）参观与操作科技展品，了解科技发展现状，探究科学现象的原理。

（2）通过视觉、听觉、触觉等感觉系统，亲身体验科学技术带来的乐趣，培养科学学习的兴趣。

案例11：天津国家海洋技术中心学习单元课程目标

（1）了解海洋技术所包括的学术领域和研究方向，为未来的人生规划做参考。

（2）了解海洋技术在国民经济和国防建设中的重要作用，了解我国海洋技术的发展现状和发展前景。

5.依据资源的教育属性

所有的学习游览资源都具有教育属性，但有的学习游览资源是以教育性为主的，例如各类著名高等院校、各类爱国教育基地等。

这一类学习资源课程目标的设定主要以引导学生进行科学的生涯规划、培养理想信念、培育家国情怀、形成正确的人生观和价值观为主要目标。

在这一类学习资源课程目标的设定中，要特别注意课程目标的普适性和适切性。要考虑学生的具体情况，要贴近实际，避免空洞。

案例12：清华大学学习单元课程目标

（1）了解清华大学的历史与现状。

（2）了解清华大学学生的学习与生活，观察清华学生执着学习，勇于拼搏的优秀品质，了解成功背后的故事，做好自己的人生规划。

在研学旅行的课程设计和线路安排中，往往会安排著名的高等院校作为学生学习的重要研学目标。学校安排这样的高校的出发点很清楚，就是要激励学生好好学习，考取更好的高等院校。但是往往实际效果并不理想。比如到北京做研学旅行往往都会首选参观北大、清华，而在实践中我们发现很多学生并不感兴趣。因为对于绝大多数学生来说，考上北大、清华这一类学校对他们来说是遥不可及的，这样的高校不可能是他们未来的目标，因此这些学校对他们来讲也就没有什么吸引力。所以，在参观这样的高校时，我们设定的课程目标，就必须要考虑学生的实际情况，要考虑课程目标的适切性。

虽然北大、清华不可能成为绝大多数学生的目标高校，但是北大、清华学生所具有的优秀品质却具有典型性，而这些品质是使人走向成功的重要因素，具有普适性。所以对于绝大多数研学旅行的学生而言，学习参观著名高校时，课程目标的制订应该从学习名校学子的优秀品质，学习名校对学生的培养理念等角度切入，引导学生做好人生规划，而不是简单地给学生提供一个高考目标学校。

思 考 题

1. 与传统的学科课程相比，研学旅行的课程目标有哪些特点？

2. 应如何陈述研学旅行的课程目标？

3. 根据国家关于研学旅行课程规范的相关文件，研学旅行课程的总目标包括哪些方面的内涵？

4. 研学旅行课程的各学段的总目标有什么区别？这体现了课程目标设置的什么原则？

5. 什么是研学旅行课程的具体目标？如何依据学习资源的属性来确定研学旅行课程的具体目标？

第一节 研学旅行课程内容的特点

一、研学旅行课程内容的特点

作为一门课程，研学旅行课程内容首先应具有一般课程内容的共同属性。

1. 课程内容的系统性和完整性

作为课程的研学旅行，各单元的学习内容之间必须通过课程主题或课程目标相互联系，每一单元的内容表达课程主题的部分特征，各单元合在一起共同表达课程主题的完整特征。

2. 课程内容的科学性和规范性

研学旅行课程内容的科学性和规范性表现在所包涵的知识准确严谨，内容呈现方式适合学生的心理和生理特点，学生在心智上能够理解和接受，在生理上能够坚持和承受。研学旅行课程内容的科学性和规范性还表现在课程内容应符合法律规范和道德规范，符合教育的基本理念。研学旅行课程内容的科学性和规范性还表现在课程内容与课程目标的对应性，课后作业或过程性学习任务的科学性和深刻性以及问题表达的规范性。

研学旅行是一门行走的课程，是在真实情境中实施的课程，既不同于在校内实施的学科课程，也不同于一般的观光旅行活动；既不同于一般的学科知识学习，其思维方式也不同于普通学科的学习。研学旅行课程的内容具有以下特征：

1. 研学旅行的课程内容不同于一般学科课程内容，突出表现为内容的实践性。

研学旅行课程内容的表现方式为真实的情境和场景。这不同于一般课程的文字表达，也不同于实验室中的控制条件下的机械操作。即使现在流行的所谓情境教学，也不过是在课堂上给学生模拟一种仿真的虚假情境，或者用抽象思维的方式给学生抽象一种想象中的虚拟情境，让学生在这种所谓的情境中思考问题。而研学旅行则不同，学生是在现实的情境中学习，在真实的情境中实践。课程内容的学习过程就是学习经验的实践过程。

2. 研学旅行的课程内容不同于一般旅游观光活动，突出表现为内容的教育性。

一般的旅游观光活动重在观赏与领略，重在欣赏与体验在自己的生活环境中没有的事物，活动没有明确的教育目的，所以内容的选择具有随意性。但研学旅行的课程内容则必须与课程目标相一致，内容为课程的教育目标服务。所以研学旅行课程内容必须具有教育性。

3. 研学旅行的课程内容不同于一般学习活动，突出表现为内容的体验性。

一般学科的学习活动重在向学生传授学科知识，培养学科应有的思维方式，倾向于学科抽象思维的培养。而研学旅行课程的内容则具有突出的体验性特征。学科内容在真实的场景中实施，必须真实地引起学生体验的满足。这种体验的满足感不是文字教学和抽象思维所能替代的。

4.研学旅行的课程内容不同于一般思维活动，突出表现为学习结果的发散性。

一般学科课程的思维具有内敛型。科学规律的应用，总是遵循一定的步骤，规律应用的过程中形成的思维具有标准性，学习达到课程目标的标准是学生习得了一定的方法，形成了一定的学科思维。而研学旅行课程则不同，一个团队的学生完成了完全相同的学习课程，其学习结果却是各不相同的，每一个学生对同一事物的看法会不尽相同，观察和思考问题的角度也会有所差异，所以，研学旅行课程的学习结果具有发散性。

二、研学旅行课程内容的选择

研学旅行的课程目标和课程内容之间存在相互确定的关系。一方面，研学旅行课程的开发首先应根据国家对课程的要求和学校的教育理念制订课程的总体目标，根据课程的总体目标，选择合适的课程内容。在这一过程中，课程内容由课程目标确定。另一方面，课程的具体目标则需要根据研学旅行课程内容的资源属性确定，这在第三章的课程中已经学习过了，在这里我们主要学习为了达成课程总体目标，应如何选择课程内容。

泰勒在《课程与教学的基本原理》一书中指出，学习经验是指学习者与他对作出反应的环境中的外部条件之间的相互作用，学生的学习取决于他自己做了些什么，而不是教师做了些什么，因而提出了选择学习经验的五项基本原则：

1.为了实现既定目标，学生必须有这种经验：它提供机会让学生去实践该目标所隐含的行为。

2.学习经验必须使学生在从事目标所隐含的相关行为时获得

满足感。

3. 教育经验想要引起的反应应在学生力所能及的范围之内。也就是说，这些经验应适合学生目前的成就水平、心理倾向等。即"教师必须从学生的现状出发"。

4. 许多特定的经验都能用来实现同样的教育目标。只要教育经验能够满足有效学习的各种不同标准，它们就有助于实现所期望的目标。

5. 同样的学习经验常常会产生多种结果。

泰勒所说的学习经验，可以理解为就是我们现在所说的课程内容。根据泰勒所提出的这五项课程内容选择的原则，我们可以确定研学旅行课程内容选择的依据：

1. 研学旅行课程内容应与课程目标的要求相对应。如果课程目标是培养学生解决问题的能力，那么课程内容就应给出学生发现问题并解决问题的机会；如果课程目标是让学生了解和体验某种民族文化，那么课程内容就应该具有体现这种民族文化的典型资源，让学生有机会走进这种资源情境，近距离观察体验这种民族文化。

2. 研学旅行课程内容要契合学生的需要，要能够激发学生的学习兴趣，从而使学生在学习过程中得到某种满足。

3. 研学旅行课程内容要与学生的能力基础相匹配。所以研学旅行课程内容具有学段性特征，同一研学旅行课程资源，在不同学段的课程中内容的呈现应有所区别。课程内容的深度、广度及表现形式都要与学生的学段特点相适应。

4. 研学旅行课程内容具有多元性。相应于同一课程目标，可以有多元化的课程内容。所以一般来说，学校在组织研学旅行时，都会同时提供多条线路的课程供学生选择，而不同线路的课程内容，都要能够实现研学旅行课程的总体课程目标。

5. 选择作为研学旅行课程内容的学习资源一般都具有多重属性，所以，同一课程内容往往会对应多种课程目标。课程内容这样的特点，使我们可以在选择课程资源的时候尽可能考虑课程资源的多重属性，力求在研学旅行课程实施中实现尽可能多的课程目标。同时，研学旅行课程内容的这一特点也决定了研学旅行课程学习结果的发散性。

除此以外，研学旅行课程内容的选择还受到以下条件的制约：

1. 研学旅行课程内容的选择受空间条件的限制。研学旅行通常会依据课程目标确定一个目的地，各单元的学习游览资源应该在该目的地附近的一定空间范围内，各教学单元之间的距离不宜超过一定的范围。这种范围的边界受时间和交通工具的制约。

2. 研学旅行课程内容的选择受时间条件的制约。不同的学段，不同的线路，研学旅行的时间会有所差异。但一般来讲，小学学段一到三天为宜，初中学段三到五天为宜，高中学段五到七天为宜，出境出国游一般一到两周为宜。受时间制约，在选择课程资源时，一般不会选择需要长时间停留的景点，即便是选择了这样的景点，通常也会选择其中的部分典型内容作为课程资源。

3. 研学旅行课程内容的选择受课程主题的制约。每一条线路的课程都有一个研学主题，课程资源一般应围绕研学主题选择，每一个资源应该表现课程主题的一个部分。除非顺路且具有地区标志性，一般不另行选择与课程主题无关的资源作为课程内容。

三、研学旅行课程内容的主题化与单元化

为了全面落实课程目标，为了学生能够完整地完成一项课题研究，为了学生学会观察、调查、搜集与分析信息等常用的研究方法，一条线路的课程应该有一个课程主题，课程内容的编制应依据课程目标，围绕课程主题选择学习资源。

一般来说，学校在发布研学旅行招标公告时，会指定线路方向上应该包括的核心景点或中心目的地。研学旅行承办机构在此基础上选择合适的其他学习游览资源，合理配置，形成课程。此时，应首先对学校指定的核心景点或中心目的地的资源属性进行分析，对它们共有的属性和相互关联的特征进行分析，从而提炼出课程主题。然后根据课程主题结合时间限制条件，在距离中心目的地的一定范围内选择与课程主题相关的学习游览资源。这些选定的学习游览资源应该从不同侧面、不同角度呈现课程主题的内涵。

下面我们以某中学在山东的一条线路的研学旅行课程的招标与设计为例，来看一下如何打造主题化的研学旅行课程。

首先，该中学在招标公告中要求：

线路：山东省内四日研学之旅（需包含泰山、曲阜等）。

某旅行社在指定的泰山、曲阜之外又选择了台儿庄和邹城资源作为课程内容，设计了题为"曲阜、台儿庄、邹城、泰山研学之旅"的课程。

应该说，该旅行社有比较丰富的旅游线路的设计经验，也具有一定的研学旅行的课程设计的经验，所选择的作为课程内容的学习资源还是适当的。选择台儿庄和邹城资源作为课程内容，使课程内容中涉及的四个城市都在一条交通线路上，相距的车程也较为合适，满足了时间和空间合理分配的要求，可以比较好地规划四个学习单元。从资源属性上来讲，邹城是孟子故里，与曲阜正好是完全相同的资源属性，可以对在曲阜学习的儒家文化做很好的补充学习。

但是我们从课程标题就可以看出，该课程在设计时没有考虑或者没有做到课程的主题化，所以课程名称是一个地名串。实际上这一线路的课程主题还是很鲜明的，那就是对儒家文化的学习研究。四个单元的学习内容也正好可以分别呈现儒家文化的不同的内容。

在以这四个城市为课程内容的四个学习单元中，显然曲阜学习单元为核心学习单元。曲阜是孔子的故里，"三孔"是儒家文化的圣地。在该单元可以系统地学习孔子的主要思想和儒家文化的发展历史。而邹城是"亚圣"孟子的故里，在这里可以了解孟子的主要思想，了解孟子思想与孔子思想的异同，分析儒家思想在适应社会发展过程中的变化，从而回答为什么儒家文化能够成为两千多年来中国传统文化中最核心的主流文化。

台儿庄学习单元的核心学习资源为台儿庄大战纪念馆。这一单元的课程内容和泰山学习单元的课程内容看上去好像与儒家文化没有多大关系，这估计也是课程设计者没有对课程进行总的主题化整合的原因。但是我们知道，儒家文化是治世文化，"修身齐家治国平天下"是儒家所倡导的责任担当。国家危难之时，"舍生取义""杀身成仁"是儒家文化的价值追求。保家卫国，慷慨赴死，知其不可为而为之，虽千万人吾往矣。台儿庄大战中，面对强敌，中国军人在民族危亡之际，置生死于度外，为国赴难的英雄气概正是儒家文化这一核心思想的生动体现。

泰山是中国封禅文化最典型的标志景点。在我国漫长的封建社会历史中，到泰山举行隆重的封禅活动，几乎是历朝历代皇帝的必修课。通过举行封禅活动，皇帝昭告天下，其权力来自上天，具有执政的合法性，"君权神授"，皇帝是代表上天统治黎民的"天子"。所以，封禅文化正是儒家文化中皇权的合法性的表达，是儒家文化中"忠君"思想的重要组成部分。

所以，台儿庄学习单元和泰山学习单元，分别呈现了儒家文化两个核心的思想内涵，完全可以和曲阜、邹城两个学习单元进行主题化整合。这条线路的课程进行主题化整合后，可以命名为"山东儒家文化研学之旅"。

四、研学旅行单元课程内容结构

单元课程内容一般应包括以下几个组成部分：

1. 单元标题

单元标题最常见的命名方式为"资源特征+景点名称",例如:"'大道之行,天下为公'——中山陵""秦人精神——秦始皇陵兵马俑博物馆""胡风唐韵——华清池"。有的单元标题以"资源特征+项目名称"命名。例如:"吼出来的戏剧——秦腔"。也有的单元标题直接以景点或学习资源所在地地名命名。

2. 课程实施的具体地点

3. 课程时长

指本学习单元计划所用的时间,一般为一天或半天。

4. 本学习单元课程内容的相关学科

5. 本学习单元的具体课程目标

6. 课程实施方式

单元课程内容应包括学习组织形式的选择说明。可以采取集体参观、分组参观、先集中讲解后自由参观、小组合作探究、操作体验、调查研究等多种方式。具体如何选择,应根据资源的属性特征。

7. 课程资源详述

这是单元课程内容的重要组成部分。要阐明学习资源的基本概况、价值意义、学习方法等。

8. 过程性学习任务

过程性学习任务是指在学生参观学习的过程中,用于引导学生进行实践探索或激发深度思维的导引性学习任务。

9. 课后作业

每个单元的课程内容中都要设置学习之后的思考问题作为作业。作业一般要于当天晚上完成,第二天一早交给研学导师批阅。作业必须是与游览学习的内容相关的探究性思考题,学生可以通过当天的学习内容得以解决,或者自行搜集相关信息拓展当天学习内容。这类作业切忌以某学科课程练习题的形式和内容呈现，也不能是所学课程内容的简单回顾，应该以引发学生的思考为设置原则，设置的问题必须要有一定的深度。

10. 学生行为的即时性指导与评价

一般行为习惯的表现评价以及景区或基地特别要求的执行情况评价应明确陈述具体的行为要求，一般应提供评价指标，评价指标可以以评价量表的形式呈现。

11. 本单元学习游览时的注意事项

单元学习注意事项要具体、明确。应该包括安全注意事项、景区游览的特殊要求和相关规定、纪律要求、集合时间地点等。

第二节　研学旅行课程内容的开发

研学旅行课程的开发模式或开发流程根据不同的开发主体而有一定的区别。

依据开发主体的不同，研学旅行课程的开发有五种模式，即：主办方开发、承办方开发、供应方开发、联合开发和委托开发。

一、主办方开发

学校是研学旅行的主办方，所谓主办方开发也就是以学校为开发主体的课程开发。这类开发方式一般只有那些具有丰富的课程开发经验和较高的课程实施水平的学校采用。这些学校一般都是一些地区名校甚至是全国名校。

学校自主开发研学旅行课程，通常应该按照以下步骤进行：

第一，首先应根据学校教育理念，并结合学段要求和学校课程计划，确定研学旅行线路和课程主题，再根据所确定的研学主题选定课程线路上的核心目的地城市或景区（基地）。

第二，在课程线路上选择资源内容可以和核心目的地城市相匹配的其他城市或景点作为课程的补充单元课程内容，这些补充单元课程内容的学习游览资源的属性应该和核心目的地城市的资源属性相一致或相补充。

第三，对选定的课程资源，依据资源的属性和课程主题，进行单元化课程整合，并根据时间和空间条件理顺单元课程顺序。

第四，进行线路勘察，收集课程资源信息，分析资源属性。

第五，依据课程总体目标和单元课程学习资源的属性制订科学、规范、适切的单元课程目标。

第六，编写课程资源详述，制订过程性学习任务和课后作业。

第七，确定单元课程评价方案。

第八，确定课程实施条件及注意事项。

第九，明确课程实施的角色分工。

第十，形成课程，制作研学旅行手册。

具体开发工作流程如下图所示：

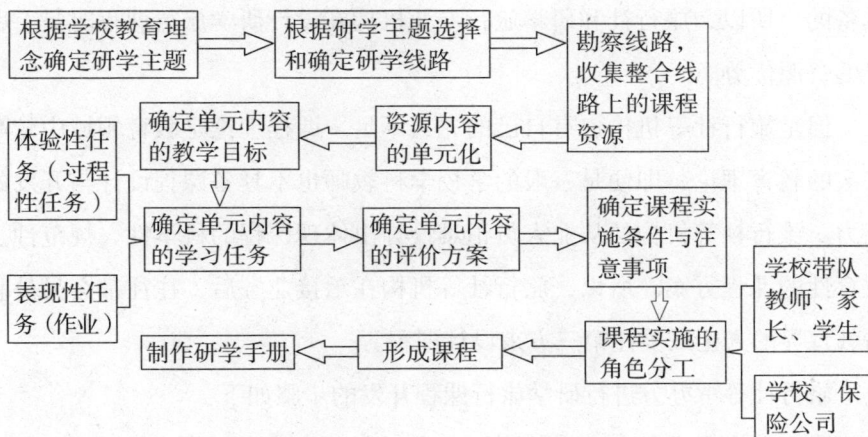

◎ 主办方（学校）研学旅行课程开发流程

这类开发方式的优点是学校可以完全根据自己的教育理念开发课程，由自己的教师负责课程设计，自己的教师作为课程实施的研学导师，可以有效保证研学旅行课程的教育性。但这种开发也具有明显的不足之处，首先，这种方式对学校教师的要求极高，由于研学旅行课程是一门跨学科、跨领域的综合性课程，不是所有的学校都拥有具备这类课程开发能力的教师。其次，学校开发研学旅行课程所需要投入的时间成本、人力成本和经济成本较大，学校需要安排教师搜集信息、勘察线路，师资不很富裕、学科教学任务较重的学校难以承受。最后，学校自行开发，自主实施课程，学校需要承担的安全风险较大。

二、承办方开发

承办方是指旅行社或具有承办研学旅行资质和能力的专业机构（如教育机构、体育机构等）。旅行社和这些专业机构进行研学旅行课程开发，既有自己的优势，也有先天的不足。

作为承办方的旅行社或研学旅行专业机构具有丰富的资源，包括目的地资源、交通资源、旅游人力资源、信息资源等。这些资源是一般学校不具备的。所以，旅行社和研学旅行专业机构在设计研学旅行课程时具有明显的资源优势。

但是旅行社等机构也有自己的先天不足。课程理论是教育领域中较高层次的教育理论，即便是一般的学校学科教师也不具备课程设计与开发的能力。旅行社等机构的从业人员很难设计出体现课程的科学性、规范性、教育性的课程方案。所以，旅行社等机构在承接业务后，往往都会另外聘请教育界的人士或委托第三方来设计课程。

旅行社等承办方进行研学旅行课程开发的步骤如下：

第一，根据主办方发布的招标公告，确定研学主题，选定课程线路上的核心目的地城市，依据核心目的地城市的研学资源属性拟定课程主题。

第二，在课程线路上选择可以和核心目的地城市相匹配的其他城市或景点作为课程的补充单元课程内容，这些补充单元课程内容的学习游览资源的属性应该和核心目的地城市的资源属性相一致或相补充。

第三，对选定的课程资源，依据资源的属性和课程主题，进行单元化课程整合，并根据时间和空间条件理顺单元课程顺序。

第四，进行线路勘察，收集课程资源信息，分析资源属性。

第五，依据课程总体目标和单元课程学习资源的属性制订科学、规范、适切的单元课程目标。

第六，编写课程资源详述，制订过程性学习任务和课后作业。

第七，确定单元课程评价方案。

第八，确定课程实施条件及注意事项。

第九，明确课程实施的角色分工。

第十，形成课程，制作研学旅行手册。

具体开发工作流程如下图所示：

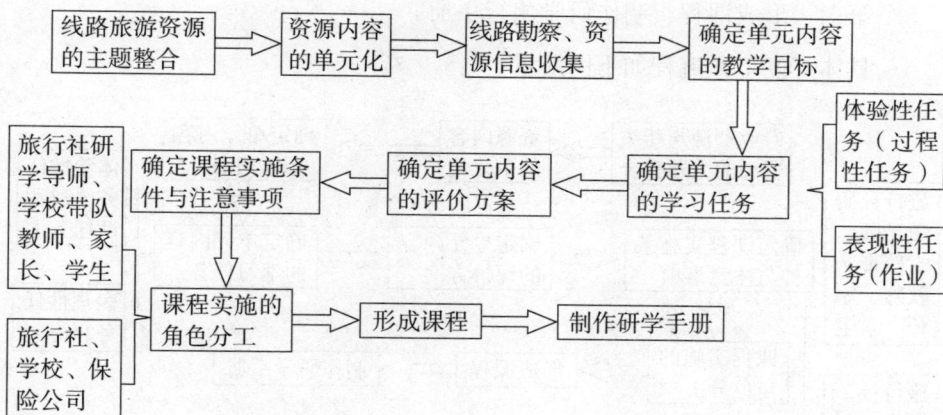

◎ 承办方研学旅行课程开发流程

三、供应方开发

《研学旅行服务规范》中所定义的研学旅行的供应方是指：与研学旅

行活动承办方签订合同，提供旅游地接、交通、住宿、餐饮等服务的机构。我们这里所讲的能够进行研学旅行课程开发的供应方是指其中的景区、研学实践教育基地、具有系统性行业资源的专业机构等。不同类型的供应方进行研学旅行课程开发的步骤和流程略有区别。

景区、研学实践教育基地等供应方进行研学旅行课程开发的步骤如下：

第一，分析本机构资源的多重属性，根据不同的属性，明确本资源可以匹配的课程主题类型，将本资源与一定地域或线路上的其他相关资源进行主题整合。

第二，把本机构的资源作为一个学习单元，依据资源的属性制订科学、规范、适切的单元课程目标。

第三，编写课程资源详述，制订过程性学习任务和课后作业。

第四，确定单元课程评价方案。

第五，确定课程实施条件及注意事项。

第六，把本单元的课程植入相关主题的课程序列中。

第七，形成课程，制作研学旅行手册。

具体开发工作流程如下图所示：

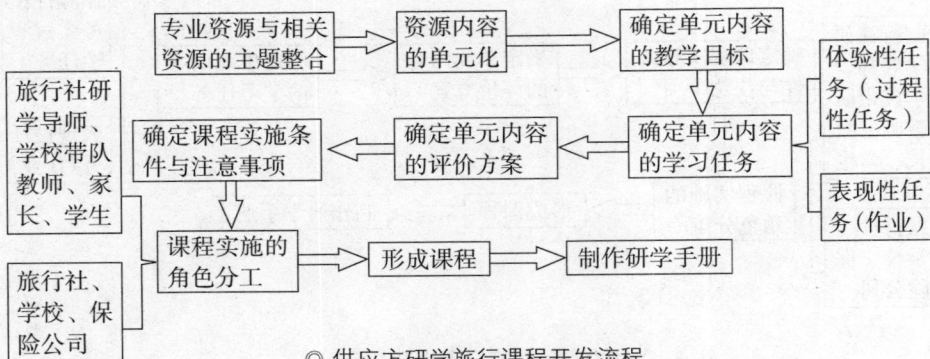

◎ 供应方研学旅行课程开发流程

研学旅行区别于其他教育活动的最重要的特征是旅行，所以说研学旅行是行走的课堂。因此，一个独立的景区或研学实践教育基地，一般不会成为研学旅行课程内容的全部，只可能是其中的一个学习单元。所以，景区或研学旅行基地纳入研学旅行课程的最合适的方式是与承办方合作，把自己的资源以学习单元的方式植入到他们所开发的课程中去。这种情况下可以按照以上步骤自行开发课程，开发的课程与主办方或承办方的课程对接，直接植入其课程当中去。也可以把自己的课程资源提供给对方，由对方对资源进行整合，开发出适用的研学旅行课程。

具有系统性行业资源的专业机构是指一些具有户外教育活动资质，自身具有成体系的、独特的研学旅行学习教育资源的机构。例如学生定向运动协会、房车露营协会、户外教育协会等等。这些机构自身有系统性的行业资源，可以依据自身所拥有的资源打造独具特色的研学旅行课程，其课程开发模式与承办方开发课程的模式相同。这些机构可以作为供应方向承办方提供课程资源，也可以作为承办方，独立承办研学旅行课程，甚至可以作为主办方，面向自己的会员或会员单位独立组织研学旅行活动。

四、联合开发

联合开发是指主办方和承办方相互协作，优势互补，共同开发课程的方式。作为主办方的学校提供教育理念和课程总体目标，承办方提供课程学习资源。由主办方和承办方分别派出自己的专业人员组成课程开发小组，学校教师负责把握课程的教育性的方向，设计课程内容的过程性学习任务和课后作业研发，审核课程内容的科学性和规范性，承办方负责编制课程资源详述和课程实施条件，编制课程实施活动注意事项、安全防范措施和应急预案，双方共同研制课程具体目标和课程评价体系。在此基础上共同编制研学旅行手册。

在联合开发模式中，学校是核心主体，最终开发的课程需要通过学校的审核才可以实施。

五、委托开发

研学旅行课程的开发不同于其他学科课程的开发，主要在于其课程的跨学科、跨领域的特点。研学旅行课程开发人员既要掌握旅游行业的相关知识，又要掌握教育领域的相关知识；既要掌握综合实践活动课程本身的知识，又要掌握多学科的知识；既要有对知识的文字表达与整合能力，又要有系统深刻的思维构建能力，对各类文化能做出深刻的理解和分析，对学生进行科学、深刻、适切的学习指导，而一般的学校教师和旅行机构的从业人员很难具备这样的能力要求。

为了满足行业的需求，近两年一些专业的研学旅行学术机构相继成立，开始开展一些课程设计的业务。无论主办方还是承办方，未来课程的开发都可以采取委托开发的方式，委托这些专业课程设计机构完成。

当前的研学旅行学术研究机构还不是太多，而且良莠不齐。作为未来研学旅行行业的衍生产业，研学旅行课程设计与研发具有广阔的前景，必定会吸引一些对研学旅行行业感兴趣的教育领域的专业人士。未来委托开发的模式将会逐渐成为一种主要的课程开发方式。

思 考 题

1. 研学旅行课程内容和一般的学科课程具有哪些共同属性？

2. 研学旅行课程内容不同于一般的观光旅游线路设计和传统学科课程内容的特征有哪些?

3. 研学旅行课程内容选择应依据哪些原则?

4. 在课程设计时，如何实现研学旅行课程内容的主题化和单元化?

5. 研学旅行单元课程内容一般应包括哪些组成部分?

6. 研学旅行课程开发依据开发主体的不同，有哪些开发模式? 其相应的开发流程是什么?

第一节　行前课程

一、承办方（旅行社）的行前课程准备

承办方在确定承办课程后，需要对研学旅行线路的课程资源进行全面的实地勘察，并在此基础上进行课程设计。同时，要为学校准备相关的行前课程，包括线路资源介绍、相关内容的专题讲座等。还要与各供应方、保障方进行合作谈判，签署相关协议。为了应对突发性事件，承办方还必须要结合勘察情况、工作规范和从业经验制订切实可行的安全防范措施和应急预案。

1. 线路资源勘察与设计

细致的线路资源勘察是科学制订研学旅行课程的前提，也是安全顺利实施课程的重要保证。线路资源勘察的主要内容有：

（1）景区或研学实践教育基地的资源属性。准确界定景区或研学实践教育基地的资源属性，是科学制订课程具体目标的主要依据，也是确定课程实施方式的主要参考标准。在资源勘察时要尽可能发掘资源的多重属性，尽可能为学生从多角度认识和理解学习资源提供条件。

（2）课程资源的安全性。要对景区或研学实践教育基地以及交通线路、交通工具安全性做认真细致的考察，向供应方提出发现的问题的整改要求，对于无法避免的安全性问题，要在课程设计与实施时采取规避措施，对于有重大安全隐患的供应方要坚决予以更换并及时与主办方沟通交流。在安全性勘察的基础上，制订有效的安全注意事项和安全防范措施。

（3）课程实施的时间长度。了解每个单元的课程学习需要的时间长度，合理分配各课程单元之间的课程时间，做好时间衔接设计。

（4）课程实施的物质条件。了解课程资源的气候特征、地理特征，确定课程实施必备的物质条件，还要了解课程资源的特殊要求，特别是必须携带的证件以及禁止携带或禁止使用的物品。

（5）各学习单元之间的交通保障。实地勘测各学习单元之间的交通路况，结合各学习单元课程地点之间的距离及时间安排，合理选择出行方式，确保交通安全。

（6）课程实施的最佳路线。对多种可能的线路进行实地勘测、分析比较，根据安全第一、效率第二、舒适第三的原则，规划出最适合的课程线路。

（7）课程实施的方式。了解课程资源的特点，确定最佳的课程实施组织方式。或全程集中学习，或集中与分散相结合；或以参观为主，或以动手体验为主；或小组合作，或独立探究，要在实地勘测的基础上做出恰当的选择。

（8）对拟入住酒店的勘察。对酒店房间设施以及安全疏散设施进行细致勘察，对酒店设施的安全性和舒适性做全面了解。

（9）旅行饮食规划。对各课程资源所在地的饮食文化进行考察，对学生行程中的饮食做出科学合理的安排。既要保证饮食的安全性和营养合理搭配，也要尽可能让学生体验各地的特色美食，了解各地的饮食文化。

（10）地接导游及景点讲解员的课程实施交流。地接导游和景点（基地）的讲解员是课程实施有效性能否达成的重要因素。在进行实地勘察时，应与地接导游和景点（基地）讲解员进行充分沟通，就有关课程要求进行充分交流，使之对课程资源的教育性有充分的认知。后期课程设计完成之后，要让地接导游和景点（基地）讲解员对课程目标、过程性学习任务以及课后作业做充分了解，以便在课程实施过程中进行有效教学。

（11）进行各种资源的图文信息的收集，为课程设计和研学手册的研制准备材料。

2. 课程设计与研学手册的研制

在综合整理所获得的信息基础上，按照课程目标、课程内容、课程实施和课程评价四个方面进行课程设计。在课程设计的基础上，加上安全知识、安全应急预案、研学课程资源简介、目的地法律法规和社会风俗等行前应知的知识，以及物品备忘检查表，包括学生电话、家长电话、研学导师与带队教师电话等信息的通讯录，课程实施地点最近派出所的相关信息，课程实施地点最近医院的相关信息等内容，制作规范的研学旅行手册。研学旅行手册的研制要求见本书第七章"研学旅行课程设计的产品——研学旅行手册"。

3. 与供应方、保障方的协议

经过实地勘察，课程资源和线路确定之后，承办方要与各类供应方签订合作协议。这些供应方包括被确定的研学实践教育基地、户外教育营地、入住酒店、提供旅行车辆的交通保障单位、承担地接任务的当地旅行社等。在协议中应重点约定相关的教学和服务质量标准、课程实施时间、双方的权利与责任、意外状况下的约定项目调整办法、付款方式、违约责任等。

课程确定后承办方还要与保障方签订保障协议。研学旅行课程实施的保障方包括保险公司、驻地公安机关、驻地医疗机构等。其中公安机关和驻地医疗机构在突发事件发生后依据所承担的社会公共责任履行职责，需要签订保障协议的主要是保险公司。承办方必须依法为参与课程实施的所有人员投保，并按时签订保险合同，确保研学旅行活动的全程在保险合同的有效期内。

4. 为学校提供的行前课程

承办方必须为学校提供必要的行前课程，供学校在安排行前课程时选择使用。其具体内容包括：

（1）课程资源详述。承办方要把确定的课程资源详述提供给学校，供学校进行行前动员时使用，也可以作为学生选课的参考依据。

（2）相关专题报告。为了更好地实施课程，让学生充分了解课程资源的特点、价值和意义，并有效激发学生的学习兴趣和选课动机，可以根据学校要求或主动提供必要的专题报告。专题报告可以请有关领域的专家提供，也可以由承办方自己的专业人士提供。

（3）提供建立联系、交流信息的渠道。承办方和主办方以及供应方要分别建立即时联系渠道，随时交流相关信息。除电话联系渠道之外，要建立微信群或QQ群。这类工作群包括研学导师工作群、各线路的学生交流群、家长群等，不同的信息在不同的群里交流处理。

5. 安全防范措施和应急预案

承办方在行前必须制定保障旅行安全的详细细则，这些细则的内容包括安全注意事项、安全防范措施和应急预案。

安全注意事项是提供给学生的，行为的主体是学生，是在课程实施中学生自己应承担的安全责任。但承办方必须将注意事项告知学生，并及时对学生进行提醒和提示。

安全防范措施是活动承办方应该采取的措施，制订和采取措施的行为主体是承办方。这些措施必须能够起到规避和防范事故发生的效果。

安全注意事项和安全防范措施是以预防事故的发生为目的的，而应急预案是为了一旦出现安全事故或紧急情况，为将损失降低到最小而采取的必要措施。一般应急预案方案应包括：

（1）地质与气象灾害应急预案。

（2）交通事故应急预案。

（3）食物中毒应急预案。

（4）突发疾病应急预案。

（5）意外伤害应急预案。

（6）暴恐袭击应急预案。

（7）机动车火险应急预案。

（8）财物失窃及证件丢失应急预案。

应急预案的内容应包括：

（1）突发事件应急处理机制，包括应急处理领导小组和工作小组的人员构成及职责分工。

（2）应急预案的响应启动条件。

（3）应急处理的程序与步骤。

（4）责任人员的操作流程。

安全是开展研学旅行活动的前提，没有安全就没有一切。因此，承办方在参与研学旅行招标时，就必须在投标材料中提交安全措施和应急预案。安全措施和应急预案是否科学、规范、细致、有效、可操作，是承办方能否中标的重要审核要件。

二、学校的行前课程实施

1.学校行前课程的重要作用

学校有效开设行前课程，对于课程的有效实施具有重要意义。

（1）有效开设行前课程，能够端正学生对研学旅行课程的学习态度，理解研学旅行课程的价值和意义，做好课程实施的思想准备。

（2）有效开设行前课程，可以让学生对所要学习的课程资源有一个基本的了解，对相关知识和文化的内容和背景有一个总体的印象，做好课程实施的知识储备。

（3）有效开设行前课程，让学生初步学会课题研究的基本规范，学会科学研究的常用方法，知道研究报告的基本内容和规范结构，为在研学旅行过程中开展研究性学习，进行科学探究做好课程实施的能力准备。

（4）有效开设行前课程，让学生掌握各类安全旅行和户外活动知识，了解出行应该做好的准备工作，做好课程实施的行动准备。

2. 研学旅行的组织与动员

（1）对学生的动员。对学生进行充分动员，让学生了解与研学旅行课程相关的国家政策，理解研学旅行课程的价值和意义，端正学生对研学旅行课程的学习态度，做好课程实施的思想准备。让学生了解学校已经开展的相关工作和此后将要进行的工作，学生可以在各项行前课程中积极参与，认真学习。让学生了解研学课程的课程特点和实施方式，学生可以做好参加研学旅行的各种相关准备。

（2）课程（线路）选择与编组。学校课程招标工作结束后，承办方应根据学校提出的意见和建议及时完成课程设计的优化修改，并提交研学手册文本。学校向学生发布各条线路的相关信息，组织学生选课。选课结束后根据各条线路选课的人数把学生编成几个小组，指定小组组长，组长负责相关信息的传达和活动的人员组织。

（3）通信与沟通渠道的建立。与承办方一起建立通信联络与信息沟通渠道，包括电话通信录、QQ群和微信群，重要信息在群里及时发布。

3. 对家长的培训课程

对家长的培训课程内容和对学生进行动员的内容大致相同。要重点对家长讲清楚国家关于研学旅行课程的相关政策，以及开设研学旅行课程的相关背景，让学生家长理解研学旅行课程与一般的观光旅游的区别，理解研学旅行课程对于学生健康成长和未来生涯发展的重要意义，理解研学旅行课程的价值与意义。

向家长介绍学校根据相关政策所做的准备工作，研学旅行课程的特点以及课程实施方法，家长应该如何配合学校和承办方开展研学旅行工作。

学校还应该向家长介绍说明研学旅行中可能出现的问题以及所采取的安全防范措施和各种应急预案，并解释有关安全责任的法律规定。

4. 对研学导师的培训课程

（1）对学校教师的培训

学校带队教师应该具备实施研学旅行课程的知识和能力。当前学校的老师大多不了解研学旅行课程的内涵和特征，把研学旅行看作和观光旅游、夏令营活动一样的旅行或教育活动，学校的老师在活动实施过程中只能起到组织学生的作用，不能对学生进行教学和指导，使研学旅行课程的实施效果大打折扣。因为学校的教师不了解研学旅行课程的特征和内涵，也就不能有效履行作为研学导师所承担的监督承办方规范实施课程的责任。也是因为不了解研学旅行课程的特征和内涵，不知道好的研学旅行课程设计的标准，学校所组建的课程招标和评标委员会很难正确履行课程评审的职责，不能选出合格的研学旅行课程，不能给承办方提出有价值的课程修改建议，也会影响课程实施的效果。

所以，对学校带队教师进行研学旅行课程的知识培训非常重要。对学校带队教师进行培训的内容主要包括：开展科学研究的一般方法和研究规范；研究报告的结构和范式；研学旅行课程目标的制订与陈述；研学旅行课程内容的选择与表达；研学旅行课程实施的组织与方式；学生管理的技巧与规范；研学旅行课程的成果与评价；研学旅行的安全与防范等。此外学校带队教师还要具备相关法律知识和合同知识。

对学校带队教师进行研学旅行课程培训，主要目的不是让学校带队教师学会开发课程，而是要让每一位带队教师都能够在研学导师的岗位上正确履行自己的职责，使课程实施达成应有的教育效果。

（2）对承办方研学导师的培训

旅行社（专业研学机构）研学导师必须具备景点讲解和活动指导等方面的能力。对研学导师培训主要是让导师了解景点背景知识，具有景点的讲解能力，特别是要理解研学旅行和观光旅游活动的区别，要对研学旅行的教育性有深刻的认知，能对学生的研学活动进行专业指导。同时，导师必须及时掌握研学旅行的最新动态和技巧，以便在今后能够带领学生更好地进行系统化、专业化的研学活动。

（3）安全责任培训课程

由于研学旅行是学校和有关部门共同组织的学生集体外出活动，更要坚持"安全第一"的原则，在活动全过程中必须把师生的人身安全放在首位。研学导师作为带队研学的主要负责人，对研学导师进行安全责任培训必不可少。无论是学校的带队教师还是承办方的研学导师，都必须接受安全培训。安全责任培训课程主要向导师进行安全防范知识和技能培训，使其详细了解安全防范的注意事项和安全保障措施，让每一位带队教师明确安全责任和安全岗位，防患于未然。

对研学导师的安全责任培训课程不同于对学生的安全培训课程，研学导师除了要掌握自身的安全防护知识，还要掌握研学活动组织方面的安全防范知识，要掌握紧急情况下学生的疏散、转移与紧急救助，要了解各种应急预案的具体内容，知道应急预案的响应条件，一旦发生应该启动应急预案的情况，立即启动应急预案，并按照预案中的操作流程紧急行动。

5.面向学生的行前课程

（1）文明旅行行为规范专题讲座

对在不同场所的文明旅行行为规范结合具体的案例做专题讲座。例如乘坐火车与飞机的文明行为规范和相关法律规定；景区入口排队入场的秩序规范；分组跟随导师参观游览的注意事项；博物馆、纪念馆等室内场馆中参观的行为规范；就餐的行为规范；酒店住宿的行为规范；人际交往的行为规范等等。在讲座中尽可能地安排具体生动的正反案例，让学生能够深切体会到文明旅行的重要意义。

（2）安全专题讲座

学生平时接触户外运动的机会比较少，即便跟随家人有过不少旅行，但由于家长的呵护以及家长的专业知识有限，也不能给学生提供全面的安全知识。所以在研学旅行出行之前，给学生系统地开设安全知识讲座非常必要。

安全知识讲座的内容应该包括：交通安全知识、饮食安全知识、住宿安全知识、户外活动安全知识、自然灾害及突发事件的紧急应对措施、个人财物安全知识等。此外，还应该包括人际交往与沟通安全知识，例如与当地人员的沟通与交流技巧和注意事项、与少数民族风俗相关的注意事项等。

（3）课题研究专题讲座

研学旅行与一般的观光旅游以及夏令营活动的重要区别还在于一个"研"字。研学旅行是带着研究任务的旅行教育活动，学生在行前必须掌握关于科学研究的知识。不同学段的学生要求掌握的科学研究的能力程度可以有所不同，但是都必须在行前接受相关的指导培训。

以高中的行前科研知识培训为例，课题研究专题讲座一般应该包括以下内容：

第一，课题研究的选题。根据学生的能力水平，重点教给学生"问题即课题"的原则。学生可以详细研究学校提供的与研学课程内容相关的资料，发现自己感兴趣且值得研究的问题，并把这一问题选作自己研究的课题。课题名称通常以"关于XXX的研究"的格式命名，课题名称不同于论文和作文，要准确、简练，尽量不要用带有主观色彩的修饰性语句。

第二，课题研究的常用方法。根据中学生的能力特点，可以重点讲解文献法、调查法、观察法、案例法、行动研究法、经验总结法等常用研究方法。

第三，研究计划的制订。学生要学会统筹安排研究任务，会根据研究任务和时间节奏制订研究计划，设计研究步骤。

第四，研究过程的规范。研究过程要能够体现所选择的研究方法的具体应用情况，要学会分析与提炼文献资料，要能够准确规范地观察和记录信息与数据，如果是研究小组合作研究的话，研究过程要能够体现小组成员的分工。要学会根据文献信息和观察记录的数据资料分析问题，得出结论。

第五，研究报告的撰写。对中学生研究报告撰写的要求不宜过高，学生学会最基本的研究报告的撰写就可以了。学生要知道研究报告的一般结构，要能够在即将参加的研学旅行中按照相关要求开展研究，记录信息，分析并得出结论，研学旅行结束后一周内写出规范的研究报告。

初中和小学应该适当降低讲座的知识难度，参照研学旅行课程学段目标中关于问题解决的相关要求安排讲座的内容。

（4）研学旅行课程内容相关专题讲座

为了激发学生对研学旅行课程的学习兴趣，也为了让学生对所要学习的课程内容有初步了解，能够从相关信息中发现问题并进行课题的选择，有必要安排一些与所学研学旅行课程主题以及课程内容有关的专题讲座，帮助学生做好旅行攻略。这样学生可以知道课程实施时应该学习和观察的重点及关键内容，从而提高课程实施的效率，取得更好的课程实施效果。

6.与承办方和保障方的协议

学校要与承办方签订合作协议，明确双方的责任和权益。特别是要和承办方签订研学旅行服务承诺书，明确承办方应对研学旅行过程中所发生的一切安全伤害事故依法承担全部责任。

同时，学校还要向保险公司购买校方责任险，签订保险合同。

7. 与承办方的沟通与监理

学校要依据招标公告要求和合作协议，监督承办方与学生家长签订研学旅行协议。

学校要及时与承办方和学生家长就在筹备和课程实施的过程中出现的各种问题做好沟通、协调、处置的工作。

学校还要监督承办方购买相关保险。

第二节　行中课程

行中课程是研学课程实施的主要阶段。行前课程是为行中课程做准备的课程，行后课程是基于行中课程所取得的成果而延伸的课程，是对行中课程的学习成果进行评价、展示、提升的课程。行中课程的实施效果，决定了课程实施的最终成效。

一、导师团队的构成与职责

导师团队的课程组织能力和课程指导能力是行中课程实施效果的决定因素。要充分发挥导师团队的指导作用，就需要整个团队进行合理的分工与协作。

导师团队由主办方和承办方的人员共同组成。

1. 主办方人员配置

（1）主办方应派出一人作为主办方领队，负责督导研学旅行活动按计划开展。

（2）每10～20位学生宜配置一名带队老师。带队老师全程带领学生参与研学旅行各项活动，配合承办方的研学导师开展课程实施工作，负责指导学生完成并批改课后作业。

2. 承办方人员配置

（1）承办方应为研学旅行活动配置一名项目组长。项目组长全程随团活动，负责统筹协调研学旅行各项工作。

（2）承办方应为每个团或每辆车至少配置一名研学导师。研学导师负责制订研学旅行教育工作计划，在主办方带队老师、地接导游等工作人员的配合下提供研学旅行教育服务。

（3）承办方应至少为每个研学旅行团队配置一名安全员，安全员在研学旅行过程中随团开展安全教育和防控工作。

（4）承办方应为每个研学旅行团队配置一名队医，负责旅行团队成员常见疾病的预防及治疗，对突发疾病、意外伤害进行紧急处理，对需要启动应急预案的情况为项目组长提供专业建议，并采取应急救助措施。

（5）承办方应要求供应方至少为每个团或每辆车配置一名地接导游，地接导游负责提供导游服务，并配合相关工作人员提供研学旅行教育服务和生活保障服务。

二、研学旅行课程的教学

1. 研学旅行课程的教学环境

研学旅行课程不同于在学校教室内教学的课程，是一种真实场景中的教学，是实景教学。这样的教学环境下，知识的习得不是以阅读和讲授等间接方式为主，而是以观察、体验等直接的习得方式为主，以阅读、讲授等间接方式为辅。教学环境开放、多元，不同的教学环境决定了不同的教学方式和学习方式。

2. 研学旅行课程的执教教师

研学旅行课程的执教教师与学校学科课程执教教师不同，教学不是由一个老师完成，而是由一个团队合作完成。所以，研学旅行课程的执教教师的第一个特点是团队化。研学旅行教师团队由学校带队教师、承办方的研学导师、景区或基地的讲解员以及安全员等人员组成，他们分工协作，共同完成教学任务。其次，教师团队是一个跨界团队，成员来自教育界和旅游界两个专业领域，如何把双方各自的专业优势有机结合，是决定跨界合作教学效果的重要因素。来自旅游界的研学导师在教学中要注意突出教学指导的教育性，来自学校的带队教师要在教学工作中发挥自己的教育专长，引导学生深入思考，落实关于核心素养培育的教学目标，体现研学旅行不同于观光旅游的特征，这正是研学教师团队的专业性表现。

3. 研学旅行课程的教学方法

关于教学方法，不同的教学理论和教学流派有不同的阐释。其中人本主义教育理论关于教学方法的主张，比较契合研学旅行课程的教学特点。美国心理学家罗杰斯认为，教师在教学活动中的角色是"促进者"，教学方法就是促进学生学习的方法。他认为，能够影响一个人的行为的知识，只能是他自己发现并加以同化的知识，教的知识相对而言是没有用处的，对人的行为基本上不产生影响。所以，教学不是直接传授知识本身，而应该是传授获取知识的方法。基于此，他提出，教学方法应该包括以下几个方面：

第一，组织好教学内容，目的在于方便学生的学习。教学内容要适合学生的学习水平、学习兴趣和特长。

第二，教师要善于指导学生学习，而不是一味地讲授知识。而有效的咨询和指导的艺术在于适当和启发。适当就是在学生需要时才去辅导和指导，帮其所需。启发就是引导学生自己去发现、去创造。这与我们国家自古以来关于"不愤不启，不悱不发"的主张是一致的。

第三，提供必要的学习材料，让学生自己学习。

不难理解，罗杰斯关于教学方法的主张非常适宜研学旅行课程的教学。首先，研学旅行课程内容的选择要与学生的需要相契合，与学生的能力相匹配，满足学生的学习水平和兴趣特长的要求。第二，研学旅行课程的特点决定了其授课方式不是讲授阅读等直接传授的方式，教师在学生研学旅行过程中的教学作用主要体现在对学生的指导，这种指导应当满足罗杰斯关于适当和启发的标准。第三，研学旅行课程提供给学生文本的和现实的学习条件，学生的学习主要依靠观察、体验，主要表现为自主学习行为。

杜威根据学生的思维活动过程所提出的五步教学法，对研学旅行课程的教学也具有很好的指导意义。在《民主主义与教育》一书中，他认为教学应按照以下五个步骤进行：

> 第一，学生要有一个真实的经验的情境——要有一个对活动本身感兴趣的连续的活动；第二，在这个情境内部产生一个真实的问题，作为思维的刺激物；第三，他要占有知识材料，从事必要的观察、对付这个问题；第四，他必须负责有条不紊地展开他所想出的解决问题的方法；第五，他要有机会和需要通过应用检验他的观念，使这些观念明确，并且让他自己发现它们是否有效。

从"五步教学法"中，可以看出，杜威强调教学要在真实的情境中培养学生的能力。这正好契合研学旅行课程的教学特点。

4. 研学旅行课程的教学与学习成果

研学旅行课程的教学成果不以考试为评价手段，不以分数为呈现形式。研学旅行课程的教学与学习成果包括外显的成果和内化的成果两个方面。

（1）外显的成果

在研学旅行过程中收获的外显的成果形式很多，主要有：

文本成果：包括研究性学习报告、随笔、散文、游记以及完成的模块作业等。

影像成果：包括在研学旅行过程中拍摄的照片、视频等资料。

制作成果：包括在研学旅行过程中参加手工活动制作的手工艺品，在研学旅行过程中采集的标本，采购及收集的有代表性的纪念品等。

（2）内化的成果

研学旅行课程更为重要的价值在于学生在研学旅行过程中内化的成果。主要包括：

知识成果：学生在研学旅行中通过识记、观察、探究等自主学习活动所习得的知识，拓展了学生的知识边界，丰富了学生的知识内涵，优化了学生的知识结构。

能力成果：学生在观察、探究、分析、应用等研究过程中所形成的分析问题、解决问题的能力，思考问题的逻辑思维能力，科学研究的基本素养等。

态度成果：学生在研学旅行的真实情境中，经过体验感受所获得的态度、倾向和价值观的变化。

行为成果：文明行为的改善和提升，文明习惯的养成和自觉。

5. 研学旅行课程中的即时评价

根据课程内容对学生的一般行为给予适时指导，依据研学手册中的评价指标和评价量表对学生的行为表现做出评价。及时提醒和引导学生注意景区或基地的特殊要求，对这些特殊要求的执行情况做出即时性评价。评价结果作为最终成果认定时的参考指标。

三、研学旅行课程的学习

1. 学习方式

研学旅行课程是实践中的课程、是行走中的课程、是情境化的课程，这就决定了研学旅行中学生的学习是一种自主实践学习，是一种自主探究学习，是一种以亲身体验为主的学习。

2. 学习任务

研学旅行的主要学习任务是培养科学探究的能力，培养学生应该具备的核心素养，形成正确的态度和价值观，知识的习得是次要的学习任务。

3. 学习素养

在研学旅行过程中，学生要学会带着任务和问题领会与体验。领会研学导师或景区讲解员讲解的学习资源，要学会在学习中思考，在思考中学习，交流与咨询应在讲解完成或阶段性任务完成时进行。要培养在不同类型的学习资源中应具有的素养，比如在博物馆和纪念馆中应保持安静，特别是在老师集体解说时，保持安静是一种基本的素养。

第三节 行后课程

研学旅行行程的结束，并不意味着课程的结束。有效实施行后课程是保证研学成果巩固和提升的重要手段，行后课程是基于行中课程所取得的成果而延伸的课程，是对行中课程的学习成果进行评价、展示、提升的课程。行后课程主要包括：成果加工、成果汇报、成果展示和成果评价与认定。

一、成果加工

研学旅行课程成果加工主要是指对外显的学习成果的加工。一般要求学生在研学旅行活动结束后的一周内完成，时间不宜拖得太久。

1. 文本类成果要完成文本撰写

对高中学生而言，课题研究报告是研学旅行学习成果的主件，是每个同学必须完成的任务。研究报告的撰写必须满足规范性、科学性、创新性、逻辑性的要求。

（1）研究报告的规范性是指研究报告的结构规范，内容表达符合课题研究报告的一般范式，报告内容完整。

（2）研究报告的科学性是指数据信息等论据材料准确，论证严密，结论和依据具有可靠的相关性和因果关系。研究方法的选择适当，应用规范。

（3）研究报告的创新性是指课题选题新颖，研究成果或结论具有创新性。

（4）研究报告的逻辑性是指课题研究计划条理清楚，过程严密，思路清晰，语言表达准确流畅。

初中学生可以以研究报告作为成果主件，但要求相应降低，也可以以研学旅行活动总结作为成果主件。

小学生可以以作文作为成果主件，也鼓励撰写其他文本类成果，如随笔、散文、游记等，并在成果展示时设置相应的展示类别。

2.影像类成果完成后期的编辑加工

把研学旅行过程中拍摄的照片、视频等资料进行编辑和加工，选出有代表性的照片，编辑具有典型性的视频资料，准备交流展示。此外，为了配合成果主件的汇报交流，还应做出与成果主件配套的PPT课件。

3.制作类成果完成标签说明

对在研学旅行过程中参加手工活动制作的手工艺品，在研学旅行过程中采集的标本、采购及收集的有代表性的纪念品等进行筛选，选出有代表性的成果，做出文字说明，制成标签，准备展示交流。

二、成果汇报交流

成果汇报分两类，一是课题研究成果汇报交流，二是其他学习成果汇报交流。初中和小学可以不举行课题研究成果汇报，只举办学习成果汇报交流就可以了。

1. 课题研究成果汇报

首先，学生在完成课题研究报告后交给负责指导自己课题研究的研学指导老师进行批改，根据老师所提出的修改意见进行修改。然后，以小组为单位进行课题成果交流，经小组评议，推选出能够代表小组的研究报告。在此基础上，班级举办优秀课题成果交流汇报会。这样既可以节约时间，提高效率，也能够让学生参与到课题评价当中，达到相互交流、相互学习的目的。

在完成课题研究成果交流的基础上，各班推选出优秀成果参加学校的成果展示，学校也可以遴选优秀成果结集成册，印制或出版《学生研学旅行优秀课题成果集》。

2. 其他学习成果汇报交流

其他学习成果是指除研究报告以外的其他所有学习成果。学生可以交流汇报在研学旅行中自己认为有意义的所有学习收获，既包括各类文本成果、影像成果、制作成果等外显的学习成果，也包括研学途中自己的所见所得的反思与感悟，个人思想与能力的提高等内化的学习成果。班内也可以结合学校的成果展示方案，利用教室的墙壁空间或建立网上学习交流平台，对成果进行分类展示，并进行优秀成果分类推选，为参加学校的展示做准备。

三、学校的成果展示

学校可以按照不同的成果类型，分类设立展示项目。在各班交流推选的基础上，举办研学旅行课程成果展。展示方式可以灵活多样，既可以通过展厅、展台、展板等传统方式展示，也可以拓宽展示渠道，通过微信、美篇、QQ空间、视频网站等新媒体平台展示。让学生参与评价，既能发扬民主，也能让学生在评选和评价的过程中进一步相互学习。通过对学生的各类学习成果展示和评比，让成果和经验共享，对学生起到启发和激励的作用。

四、学习成果的评价与认定

在各类评比展示结束后，结合评比展示的结果，指导教师对学生研学旅行学习成果给出评价。高中学校根据有关规定把学生的学习成果记入学生发展素质评价报告，并予以学分认定。初中和小学根据学校的相关规定，对学生的学习结果进行成绩认定与表彰。

思 考 题

1. 在课程设计之前，应该先进行旅行线路资源勘察。研学旅行线路资源勘察的主要内容有哪些？

2. 承办方应该为主办方提供哪些行前课程？

3. 安全注意事项、安全防范措施和应急预案有什么区别？

4. 承办方通常应该制订哪些方面的应急预案？一份规范的应急预案一般应该包括哪些内容？

5.学校应该面向学生开设哪些必要的行前课程？

6.一个研学旅行导师团队应该由哪些人员构成？他们分别承担什么职责？

7.根据罗杰斯关于教学方法的观点，研学旅行课程应采取什么教学方法？

8.研学旅行课程教学与学习成果包括哪些类型？不同学段的学生研学旅行成果主件分别是什么？

9.高中学生撰写研学旅行的课题研究报告必须满足哪些方面的要求？

10.学校通常可以采取哪些方式对学生的研学旅行成果进行展示？

11.请你为一所高中学校制订一个研学旅行成果展示的活动方案。

第一节　研学旅行课程评价的原理与方法

课程评价一直是课程研究领域最难的问题。在国外，无论哪一种课程理论，课程评价都是课程研究重要的内容，并已经形成了一些各具特色的课程评价模式。而国内由于对课程研究起步较晚，至今还没有形成真正意义上的课程评价模式。研学旅行课程作为新的课程门类，自然没有已经成型的课程评价经验。所以，在这里我们将根据课程的基本原理，结合研学旅行课程实践中已经获得的不多的经验积累，对课程评价进行尝试和探索，试图给出一种可以为研学旅行课程设计研究和实践领域提供借鉴的模式。

课程评价的核心问题应该分这么几个层次：对什么或对谁进行评价（即评价的对象问题）？依据什么样的价值取向进行评价？用什么样的方法进行评价？建立什么样的模式或流程进行评价？研学旅行课程评价也同

样要解决这几个问题。

一、对什么或对谁进行评价（即评价的对象问题）

1. 对学生的评价

泰勒认为，课程评价从本质上讲，就是判断课程和教学计划在多大程度上实现了教育目标的过程，而教育目标"旨在让学生的行为产生期望中的改变"。课程评价即"判断这些行为实际上产生了多大程度上的变化"。

由此可知，课程评价的对象首先是学生。对学生进行课程评价的内容是通过课程实施，预设的教育目标在多大程度上得以实现，学生是否产生了预期的行为变化，在多大程度上发生了这种变化。

研学旅行课程是行走的课程，是实践的课程。教育目标，也就是预期的学习结果是多元化的。学生由于知识的拓展而引起的认知结构的变化、思维的变化、探究能力的变化，在真实情境中学习得到刺激与体验，从而产生的情感态度与价值观的变化，都可以通过课程评价来判断这些行为或倾向所发生的程度。

2. 对课程本身的评价

对课程本身的评价，包括对课程理念、课程结构、课程目标的确定，课程内容的选择，课程实施的计划等进行评价。评价重点在于判断课程设计的合理性、系统性和科学性。通过对课程内容结构的评价，判断课程是否具有系统性，通过对课程理念、课程目标、课程内容的评价判断课程的科学性，通过对课程实施的评价判断课程的合理性与规范性。

在对课程本身进行评价时，通过对学生学习结果的分析评价，判断学习结果与预期目标的吻合程度，也就是目标的达成度。如果吻合度较差，那么课程目标的达成度就较差。当通过评价发现目标达成度差的时候，就要分析是课程实施过程的问题，还是目标设定的问题。从而可以根据评价所发现的问题对课程进行改进。因此课程评价既依托于课程目标，也对课程目标的科学性和合理性进行反馈。

3. 对课程实施者的评价

研学旅行的课程实施者由两部分人员组成，即主办方派出的带队教师和承办方派出的研学导师。

主办方的带队教师承担着代表学校监督承办方实施课程的责任，所以就双方的关系而言，主办方的带队老师是评价者，而承办方的研学导师是被评价者。

主办方的带队教师由学生和学校主管部门进行评价。

二、依据什么样的价值取向进行评价

任何评价都以一定的价值取向为基础，评价的价值取向决定方法选择和评价的具体模式。比较典型的课程评价取向主要有三类，即：目标取向的评价、过程取向的评价和主体取向的评价。

1. 目标取向的评价

目标取向的评价就是一种把教学结果与课程目标相对照的课程评价。在研学旅行课程评价中，可以将各种学习成果所体现的价值与研学旅行课程的总体目标和具体目标相对照，以判断课程目标达成的程度。

目标取向的评价多采用量化评价。

2. 过程取向的评价

过程取向的评价对研学旅行课程评价具有更重要的意义。过程取向的评价强调在课程实施过程中把学生的全部的行为和表现都进行观察和评价。这种评价不以课程预设的学习目标为评价的绝对标准，凡是有教育价值的学习结果，无论是否符合预设的课程目标，都应予以肯定和鼓励。显然，过程取向的评价，更适合研学旅行课程目标的多元化和学习结果的发散性的特点，也更适合研学旅行课程作为行走中的课程的课程价值。

过程取向的评价既可以采用量化评价，也可以采用质性评价。

3. 主体取向的评价

主体取向的评价是评价者与被评价者共同建构意义的过程，评价过程是民主参与、沟通协商的过程，价值多元、尊重差异为主体性评价的基本特征。

主体取向的评价主张质性评价。

在研学旅行课程评价中，可以依据不同的评价内容，采取不同取向的课程评价，以适应研学旅行课程价值多元化的课程特征。

三、用什么样的方法进行评价

泰勒认为："既然评估涉及获得有关学生行为变化的证据，那么任何有关教育目标想实现的行为的有效证据，都为评估提供了一种合适的方法。"他认为，评价方法可以有多种，"纸笔测试"不能等同于课程评价，如观察、交流、访谈、问卷调查等，都是课程评价的有效方法。而观察、交流、访谈、问卷调查等评价方法，正是研学旅行课程评价的常用方法。

总体来看，课程评价方法大致分为两类，即量化评价和质性评价。

量化评价是一种把复杂的教育现象和课程现象简化为数量，通过对数量的分析与比较获得评价结果的评价方法，通常这种数据呈现为分数的形式。绝大多数以"纸笔测试"为考查形式的考试，都属于量化评价。研学旅行中某些方面的评价，也可以采用量化评价的方式。比如研学旅行课程中，在对学生纪律表现进行评价时规定"学生遵守时间约定，在重要时间节点不迟到，满分10分，迟到一次扣2分"，我们可以看到，在这里就是把学生是否守时这样的行为转化成了用分数进行评价。

质性评价也被称为自然主义评价，是指通过自然调查，充分揭示和描述评价对象的各种特质的评价方法。质性评价主张评价要全面反映教育现象和课程现象的真实情况，为课程实践和教育改进提供依据。质性评价更适用于复杂的教育现象的评价。研学旅行是跨学科跨领域的课程，无论是评价内容还是学习结果，比一般的学科课程要复杂得多，所以，质性评价是研学旅行课程评价的重要方法。

就研学旅行课程而言，由于评价目标和评价内容的多元性和发散性，一般我们要采用量化评价和质性评价相结合的方法。

四、建立什么样的模式或流程进行评价

在课程评价史上影响最大，至今仍然占据主要地位的课堂评价模式，是泰勒的目标达成评价模式。这一课程评价模式包括如下步骤：

1. 确定教育计划的目标，也就是课程目标，并对课程目标的具体内容进行分类界定。

2. 明确那些会给学生机会表现教育目标中隐含行为的情境。

3. 检查现有的评估工具的有效性，或设计有效的评估工具。

4. 选择或设计记录学生行为的测量工具。

5. 决定使用哪些名词和单位来总结和评估已获得行为的记录。

6. 检验评估工具的客观性、信度和效度。

根据泰勒的目标达成评价模式以及研学旅行课程的具体特点，结合过程取向评价和主体取向评价的理念，采取量化评价与质性评价相结合的评价方法，我们对研学旅行课程的评价可以制订如下评价模式：

1. 解析研学旅行课程的总体目标和具体目标，制订课程评价的项目和细目，即建立课程评价的指标体系。

2. 明确这些课程目标实现所对应的课程模块和学习情境。

3. 根据课程目标的类型设计量化评价和质性评价的评价量表。

4. 设计为评价提供证据信息的记录用表，记录证据信息。

5. 综合评价量表所记录的证据信息，得出评价结果。

6. 结合对学生观察的直接认知和学生自评情况，对评价结果进行反思。检验评价体系的客观性、信度和效度，对评价体系进行修订和完善。

第二节　对学生的评价

结合研学旅行课程的实际特点，考虑课程评价的可操作性和易操作性，对学生的评价可以从过程性评价和成果性评价两个方面进行。在过程性评价和成果性评价中遵循和融合目标取向评价、过程取向评价和主体取向评价的基本理念，综合使用量化评价和质性评价的方法，使对学生的评价更科学、更全面、更容易操作。

教学目标是预期的学习结果，课程成果也就是预设的课程目标。在上一章我们已经学习了研学旅行课程成果包括外显的成果和内化的成果。这里所说的过程性评价，是指依据除知识成果以外的内化的成果所表现的外显的行为所进行的评价。真正内化的学习成果一定会在研学旅行课程实施的过程中通过学生自觉或不自觉的行为表现出来，所以评价的信息依据需要通过对学生在学习过程中的观察交流得以收集和记录，我们把这一类评价称为过程性评价。过程性评价侧重于对学生在学习过程中的行为表现进行评价。而我们在这里所要讲的成果性评价是指依据外显的学习成果和内化成果中的知识成果所进行的评价。内化的成果中的知识成果可以在外显的成果中表现出来。成果性评价侧重于对学生通过学习所获得的物化的成果进行评价。

一、对学生学习结果评价的具体操作

按照上一节所给出的研学旅行课程评价模式，对学生的评价可以按照如下步骤进行操作：

1. 评价指标的确定。

课程评价指标应依据外显的成果和内化的成果分类进行。依据成果类型可以指定一级和二级评价指标体系。

过程性评价的一级评价指标依据内化成果除知识成果类型以外的三种成果类型制订，三个一级指标。二级评价指标在对该成果类型进一步分解的基础上制订可清晰界定、易操作的评价指标。

成果性评价的一级评价指标即外显的成果和内化的成果中的知识成果。知识成果可以在对过程性学习任务和课后作业的评价中体现，共五个类型，五个一级指标。二级指标可以依据成果评价的不同维度设置。

对二级评价指标作进一步的解析，明确能够体现二级指标所相应的具体行为表现，行为表现作为评价的内容。

结合研学旅行课程各单元的具体目标，明确二级评价指标在各单元的具体教学情境的体现，确定相应指标的评价方法（量化评价或质性评价）和评价结果的呈现形式（分数呈现或等级呈现）。

在具体应用时，每一个学习单元中各评价指标不一定面面俱到，要与实际的教学情况相结合。各学段的指标体系也不尽相同。鉴于研学旅行课程的特殊性，每一条线路的课程在课程设计时都要结合课程资源的属性和学生的情况制订有针对性的课程评价指标体系。

下表为过程性评价指标体系样例。

过程性评价指标体系

一级指标	二级指标	评价内容	评价方法 （量化或质性）	结果呈现方式 （分数或等级）
能力成果	观察能力	观察方法、观察专注度、信息记录		
	听讲能力	认真听研学导师和景点讲解员的讲解，注意听讲环境，不影响他人，会记录信息		
	表达能力	善于提问，积极回答问题，语言流畅，逻辑清晰		
	合作能力	小组合作表现、师生合作表现、宿舍合作表现		
	动手能力	动手意识、遵守流程、创新表现		
	探究能力	发现问题、分析问题、解决问题的表现		
	欣赏能力	对自然、对文化的欣赏能力		
态度成果	是非观	对事物有正确的认识		
	自然观	热爱自然的态度表现		
	价值观	对文化、事物的价值判断		
	社会责任	同情心、责任感		
行为成果	时间观念	遵守时间要求，不迟到		
	秩序意识	参观排队，保持安静，遵守规则		
	礼仪规范	与同学、老师、其他相关人员相处礼貌，举止得体		
	环保表现	保护环境，不乱扔垃圾		
	语言文明	不大声喧哗，语言文明，不说脏话		

下表为成果性评价指标体系样例。

成果性评价指标体系

一级指标	二级指标	评价内容	评价方法 （量化或质性）	结果呈现方式 （分数或等级）
过程性 学习任务	信息记录	听讲笔记、观察记录、探究数据		
	体验感悟	学习过程中的体验和即时感悟记录		
	反思应用	对学习内容的反思和启示		
课后作业	规范性	书写、语言表达的规范程度		
	科学性	知识运用的准确性和问题分析的逻辑性		
	创新性	观点和见解的独特性和创新性		
	完整性	问题解析的系统性和完整性		
文本成果	规范性	书写、语言表达的规范程度		
	科学性	知识运用的准确性和问题分析的逻辑性		
	创新性	观点和见解的独特性和创新性		
	完整性	问题解析的系统性和完整性		
影像成果	思想性	影像成果的主题内涵所表达的思想价值		
	艺术性	成果所体现的影像艺术与技术价值		
	创新性	成果所表现的在艺术、技术和思想价值方面的独特性和创新性		

（续表）

一级指标	二级指标	评价内容	评价方法 （量化或质性）	结果呈现方式 （分数或等级）
制作成果	思想性	制作成果的主题内涵所表达的思想价值		
	艺术性	成果所体现的影像艺术价值		
	技术性	成果所表现的制作技术与工艺、技法水平		
	创新性	成果所表现的在艺术、技术和思想价值方面的独特性和创新性		

2. 根据课程评价指标体系和所确定的评价方法及评价结果呈现方式，设计量化评价和质性评价的评价量表。

量化评价通常以分数呈现评价结果。评价分数的产生有两种操作方式。一种操作是扣分制，设定某一指标评价的满分值，出现评价内容中的负面行为相应扣减分值，扣减后剩余分数为该项评价指标的评价结果。另一种操作是加分制，当出现评价内容中的鼓励性行为时，加上相应分数，最后加分的累计值为该项评价指标的评价结果。这一类评价结果可以设定最高分值，也可以不设。

下表为量化评价量表示例。

量化评价量表示例

评价指标	时间观念 （10分）	环保意识 （10分）	就餐秩序 （15分）	学习秩序 （15分）	参观秩序 （30分）	合作能力 （10分）	奖励得分 （10分）
评价内容	按时集合，有事提前向带队老师请假。	随手带走自己的垃圾。不破坏环境卫生。	在餐桌上安静就餐，不说话打闹，不浪费粮食。	在课程学习过程中不玩电子游戏或做其他与研学无关的事。	安静有序，听从带队老师的安排和指挥，不脱离团队，不擅自行动。	在整个活动中能够关心同学。在团队中和同学友好相处。	1.组长，加2分。 2.研学导师、带队教师认定的好人好事经导师团队议定后酌情加分。

（续表）

评价指标	时间观念（10分）	环保意识（10分）	就餐秩序（15分）	学习秩序（15分）	参观秩序（30分）	合作能力（10分）	奖励得分（10分）
评价标准	集合迟到，擅自离队，每次扣2分。	乱扔垃圾，破坏环境卫生，每次扣2分。	就餐时嬉戏打闹，一次扣2分，浪费粮食一次扣3分。	课程学习中长时间玩电子游戏，酌情扣1～3分，嬉戏打闹，一次扣2分。	不服从研学导师安排擅自行动，一次扣2～5分。	活动过程中发表不利于团队和谐的言论，一经查实每次扣2分，与同学发生口角，一次扣2～5分。	1.组长，加2分。2.研学导师、带队教师认定的好人好事经导师团队议定后酌情加分。
计分依据							
得分							
合计得分		研学导师签字				学生签字	

　　质性评价通常以等级呈现评价结果。一般可以设置优秀、良好、合格、不合格四个等级。量表也可以采用李克特量表的设计形式。

　　下表为质性评价量表示例。

过程性评价质性评价量表示例

评价类别	评价等级	单元课程自我评定				
		第1天	第2天	第3天	第4天	第5天
考勤情况	A. 从未迟到　　　　B. 一次集合迟到 C. 两次集合迟到　　D. 经常集合迟到					
交通工具纪律	A. 遵守纪律　　　　B. 偶尔不听指挥 C. 经常不听指挥　　D. 影响整个团队进程					
研学课堂纪律	A. 遵守纪律　　　　B. 偶尔不听指挥 C. 经常不听指挥　　D. 影响整个团队进程					

（续表）

评价类别	评价等级	单元课程自我评定				
		第1天	第2天	第3天	第4天	第5天
听讲情况	A. 能积极主动听讲　　B. 需提醒后完成 C. 听讲不积极　　　　D. 基本不参与					
发言讨论	A. 能积极主动发言　　B. 偶尔主动发言 C. 被动发言　　　　　D. 不配合发言					
就餐礼仪	A. 排队打饭，不挑食　　B. 插队打饭 C. 经常插队打饭、挑食　D. 只吃零食					
团队合作	A. 互帮互助　　　　　B. 与同学沟通不多 C. 不乐意沟通　　　　D. 以自我为中心					
礼貌修养	A. 尊重他人　　　　　B. 个人行为举止需提高 C. 漠视他人不礼貌　　D. 说脏话，不尊重人					
环保	A. 主动捡拾垃圾　　B. 不丢垃圾 C. 乱丢垃圾　　　　D. 丢垃圾经提醒不捡拾					
研学记录 思考	A. 主动且认真记录　　B. 需提醒后记录 C. 书写潦草　　　　　D. 不认真记录					
作业完成	A. 内容丰富，认真书写 B. 感悟不深，书写认真 C. 内容简单，书写一般 D. 内容不完整，书写潦草					
教师总评 等级	A. 优秀　　B. 良好　　C. 合格　　D. 不合格		签字			

成果性评价质性评价量表示例

一级指标	二级指标	评价内容	评价结果			
			优秀	良好	合格	不合格
过程性学 习任务	信息记录	听讲笔记、观察记录、探究数据				
	体验感悟	学习过程中的体验和即时感悟记录				
	反思应用	对学习内容的反思和启示				

（续表）

一级指标	二级指标	评价内容	评价结果			
			优秀	良好	合格	不合格
课后作业	规范性	书写、语言表达的规范程度				
	科学性	知识运用准确性和问题分析的逻辑性				
	创新性	观点和见解的独特性和创新性				
	完整性	问题解析的系统性和完整性				
文本成果	规范性	书写、语言表达的规范程度				
	科学性	知识运用准确性和问题分析的逻辑性				
	创新性	观点和见解的独特性和创新性				
	完整性	问题解析的系统性和完整性				
影像成果	思想性	影像成果的主题内涵所表达的思想价值				
	艺术性	成果所体现的影像艺术与技术价值				
	创新性	成果所表现的在艺术、技术和思想价值方面的独特性和创新性				
制作成果	思想性	制作成果的主题内涵所表达的思想价值				
	艺术性	成果所体现的影像艺术价值				
	技术性	成果所表现的制作技术与工艺、技法水平				
	创新性	成果所表现的在艺术、技术和思想价值方面的独特性和创新性				
总体评价结果						

3. 为评价提供证据信息的记录用表包括学生学习记录用表和教师评价用表两部分。在研学手册中的过程性学习任务中，需要学生填写的学习记

录用表内容包括信息记录、体验感悟、反思应用，学生作为学习任务完成表格填写，教师可以据此完成该项的成果性评价；另一部分为教师进行其他项目的评价用表，包括学生量化评价时作为加、减分依据的行为表现记录用表和其他信息记录用表。这类表格的设计难度不大，在此不再举例。

4.综合评价量表所记录的证据信息，得出评价结果。

二、评价量表制订案例解析

研制评价量表是课程评价的一项重要内容，好的评价量表应该具有科学性、规范性和可操作性。量表所涉及的评价指标内容应该具有教育导向性，评价细则要合理具体。只有明确了什么样的评价量表是好的量表，什么样的评价量表是不好的量表，我们才能在课程设计时提供好的评价工具，在课程招标时才能甄别什么样的课程设计才是应该通过评标审核的课程。

案例1. 过程性量化评价指标案例

项目	遵守时间（10分）	爱护卫生（10分）	就餐礼仪（15分）	专注研学（15分）	安全纪律（30分）	同伴关系（10分）	奖励得分（10分）
细则	按时集合，有事提前向带队老师请假。	随手带走自己的垃圾，不破坏环境卫生。	在餐桌上安静就餐，不说话打闹，不浪费粮食。	在整个研学过程中不玩电子游戏或做其他与研学无关的事。	安静有序，听从带队老师的安排和指挥，不脱离团队，不擅自行动。	在整个活动中能够关心同学。在团队中和同学友好相处。	1.组长，加2分。2.主动给同学分饭，夹菜，加2分。3.协助老师工作，加2分。4.主动捡拾垃圾，拾金不昧，加2分。5.主动看书学习，加2分。

案例1是一家知名旅行社为某省重点高中提供的课程设计中的评价量表。该课程顺利中标并已经为学校实施了课程。但我们仔细分析会发现，上述评价量表存在很多问题，不是一个好的评价量表。其中的主要问题有：

1. 评价量表中的概念使用不当。第二行是各指标对应的评价内容，没有给出具体的评价标准，所以不是评价细则，这应该是评价内容。

2. 为了使评价可操作，每项指标应该给出相应的评价标准，即加分和扣分标准。

3. 奖励得分的设置不科学。加分项设置要符合具体的实践情境，也要符合文明习惯。其中第二项"主动给同学分饭、夹菜，加2分"，可能不符合实际情境，多数实际就餐情况下不需要学生分饭。而给同学夹菜的行为不值得提倡，无论是从卫生的角度，还是从生活习惯的角度，这样的行为不符合现代人的生活习惯。这样的奖励标准显然是不科学的。

另外，把捡拾垃圾和拾金不昧列为同一加分项，且分值相同，这显然不合适的，这根本就不是同一层面上的行为，这样的评价当然也是不科学的。

4. 奖励得分的加分内容可能会失去教育导向意义。把捡拾垃圾这样琐碎的事项明确列为加分项，可能会导致投机行为的发生。比如某学生集合迟到，被扣除了2分，他只需要在老师面前捡一次垃圾就可以补过来了。此时加分行为将不再是内化的学习成果外显的行为，而是一种投机行为，评价也就失去了教育导向的意义。

案例2. 过程性量化评价标准案例

节点	评价指标	扣分/次
1. 出发前	身体状况不适合研学，不告诉家长及老师	5
	携带危险品及易燃易爆物品	5
	不按时到指定地点集合，迟到	5
	不携带研学旅行课程手册	5
	携带电子游戏产品等娱乐工具	5
	不穿校服	5
2. 集合上车	不认真聆听要求（听音乐、玩游戏、聊天等）	5
	车辆行驶途中在车上站立、来回走动、头手伸出窗外	5
	在车上吃东西，垃圾随地乱扔，破坏车内卫生	2
	在车上大声喧哗、玩闹	2

（续表）

节点	评价指标	扣分/次
3. 在火车上	擅自换座位，聚众玩闹	5
	在火车站候车时擅自离开队伍，随便购买商品	5
	不注重公众场合的礼仪规范（大声吵闹，谈吐不文明）	2
4. 在船上	不听劝阻，嬉戏玩闹	5
	头手伸出船外	5
5. 下车（船）集合	破坏车（船）内卫生	2
	下车（船）后不按要求站队	2
6. 过交通路口	追跑打闹、脱离队伍	5
7. 住宿	私自离开宾馆，擅自外出	5
	叫外卖	5
	在宾馆玩游戏、玩闹，不顾自身安全，也影响他人休息	5
	不好好休息，相互打电话，睡眠不足	5
	在规定时间之外串房间	5
	不按照作息要求熄灯就寝	5
	破坏宾馆的设施	5
8. 用餐	擅自离开团队，到餐厅外活动	5
	就餐期间打闹，喧哗	5
	浪费粮食	2
9. 研学旅行中	脱离队伍，擅自行动	5
	其他威胁自己或他人安全的行为	5
	在旅行学习中听音乐、玩游戏、玩手机，离开队伍去采购	5
	研学中没完成每天的学习任务	5
	追跑打闹，大声喧哗	5

案例2是案例1相配套的评价标准。应该说，课程设计者貌似下了不少的功夫。可惜的是设计过程做了很多无用功，甚至有抄袭的迹象，因为案例1是一条西北大漠戈壁的线路，全程没有水路，船上的行为评价显然没有任何意义。而就是这样的具有明显瑕疵的课程设计却能顺利中标，这也反映出了研学旅行课程设计亟待规范的现状。

本案例的主要问题在于：

1. 所谓"评价指标"（应为"评价标准"）与案例1中的"项目"（应为"评价指标"）不相互对应，分数应该在哪一"项目"的总分下扣减，指向不明确。扣分多少也没有结合所在"项目"的总分情况，分值设定显得太随意。

2. 所谓"评价指标"与实际教学情境不符，难以操作。

3. "评价指标"过于细致，不实用。学生的有些行为只需要提示教育就可以，并不是所有的不好的行为都必须通过扣分来进行评价。评价应该体现教育为主的原则，尽可能减少评价中扣减分的情况。扣减分应该尽量限定在严重违纪和一般负面行为屡次出现或教育不改的情况。

案例1和案例2如果要改进的话，可以从以下几个方面入手：

1. 可以把评价指标和评价结果整合为一个评价量表，评价的标准与评价的指标和内容相对应，评价任务清晰明确，便于操作。

2. 明确评价量表中应该设置的项目，这些项目应该包括评价指标、评价内容、评价标准、计分依据（学生发生的行为表现）、得分（即评价结果）等。

3. 精简评价记分行为，突出重点。

4. 体现评价的导向性和教育意义。比如奖励得分采取模糊设置的办法，不列出具体的加分行为。这样学生表现出的应予奖励的行为没有预设的可能，该行为就可以认定为内化的学习成果的外显行为。而且这样也给了教师对学生各种良好行为予以奖励的自由裁量权，更便于发挥教育的作用。

按照以上要求改进的结果，就是前面所提供的量化评价量表示例（见本书第105页）。

该评价量表也可以采用李克特量表的形式，改造成质性评价量表。

评价指标	评价内容	评价结果			
		优秀	良好	合格	不合格
时间观念	按时集合，有事提前向带队老师请假。				
环保意识	随手带走自己的垃圾，不破坏环境卫生。				
就餐秩序	在餐桌上安静就餐，不说话打闹，不浪费粮食。				
学习秩序	在整个研学过程中不玩电子游戏或做其他与研学无关的事。				
参观秩序	安静有序，听从带队老师的安排和指挥，不脱离团队，不擅自行动。				
合作能力	在整个活动中能够关心同学，在团队中和同学友好相处。				
突出表现	研学导师、带队教师认定的好人好事。				
总体评价					

在质性评价量表中，不必详细列出各评价指标的评价标准，采用模糊评价，根据学生的各项表现，给出评价等级即可。这种评价方法的优点是简便易行，缺点是不够具体。

需要特别说明的是，以上所给的案例，只是说明评价量表的编制方法，实际在课程设计中应该对哪些指标进行评价，这在不同的课程中、不同的学段中都会有所不同，要结合具体课程和学生实际情况编制评价指标体系，不可以照搬照抄以上所列案例。

第三节　对课程的评价

对课程规划、设计、实施过程及实施效果的评价，是对学生评价之外的重要评价内容。课程的主办方和承办方都需要在课程结束后完成这项评价工作。通过课程评价结果，主办方可以为下一期课程招标提供参考依据，并将评价结果提供给承办方作为课程修订的参考。通过课程评价，承办方一方面对课程进行修订，另一方面积累课程设计与实施经验，为改进工作提供依据。如果课程是由承办方委托第三方设计的，承办方的课程评价也是对第三方课程设计水平和质量的检验，如果之前有有关课程设计质量的合同条款，评价结果也是履行合同的约定项目的依据。

对课程的评价应该从以下几个方面进行：

一、对线路规划的评价

研学旅行课程既是教育课程，又是旅游活动，线路规划的评价是研学旅行课程作为一种旅游教育活动性质的评价。

1.线路学习资源的典型性

课程线路规划是不是合理，首先，应该看线路所选的景点是否具有区域的典型性。具有典型性的景点组合出来的课程具有教育示范性，也更具有吸引力。在进行评价时要对课程涉及的主要学习资源进行分析，考察各单元的资源在所在区域、所属类型中的代表性和影响力，要从其经济价值、社会价值和学术价值等多方面进行评价。

其次，作为课程的研学旅行，要考察各学习资源的主题相关性。各个学习资源的选择是否体现了课程主题的相关性。各单元学习资源要求分别表现课程主题的不同特质或不同角度，这样课程才具有系统性和层次性，才具有课程的性质，而不是离散的、随意的观光活动。

最后，课程线路学习资源的典型性评价还要考察学习资源的丰富性。各单元的学习资源既要与主题相关，也要有不同的属性，要能满足学生多样化的学习体验。

2. 线路规划的安全性

安全是研学旅行课程实施的首要条件。课程安全性的评价既要依据课程实施过程中已经发生的安全事件进行，更要从课程设计的角度对安全性进行评价。安全性评价主要包括以下内容：

第一，课程的安全防范措施是否有针对性和可操作性。有针对性应该体现在各学习单元安全防范措施的内容表达上，要看这些安全防范措施是否预估到了学习资源的社会、文化、气象、地理、生态及物理条件，并针对可能出现的安全事件采取预防性措施。比如可能出现的气象灾害、地质特征产生的路况问题、自然景点中的生物毒性及动物安全性问题、参观场所中的文物设施安全性问题，这些都应该在各单元的课程设计中有相应的安全预防措施。

第二，课程中的注意事项是否清晰明确有针对性。设置安全防范措施的行为主体是课程承办方，执行注意事项的行为主体是学生。注意事项应该清晰明确，能够引起学生的注意，能够涵盖所有可能出现安全性事件的情况，而且这些事件是学生通过注意就可以避免发生的。

第三，课程是否有应急预案，应急预案是否全面、严谨、流程化、可操作。安全防范措施是从承办方和学生的角度预防安全事件发生的措施，而应急预案是一旦意外的紧急情况发生，应该迅速采取什么措施使损害降低到最小。应急预案要有明确的事件分类，不同意外事件的应急处置流程是不同的。要明确应急预案的启动条件，一旦启动，所采取的措施必须是科学的、安全的、高效的，所以执行步骤流程化、设计严谨、衔接顺畅、分工明确，措施可操作且易操作，只有具备这些条件的应急预案，才是好的应急预案。

3. 线路时间分配的合理性

线路规划要合理安排好时间，课程线路规划应根据学习资源的性质和特点来安排。要设计好参观学习时间和路上的时间的分配与衔接，在课程评价时，时间安排的合理性根据课程实施过程中的实际效果做出评价。

4. 线路体能分配的科学性

线路规划应根据学生的学段特点，根据运动量和学生体能合理分配。要把体能消耗量大的学习项目和体能消耗量小的学习项目交替安排，使学生的体能能够有效恢复。可以前一段时间体能消耗量大一些，后一段时间体能消耗量小一些。体能消耗分配情况可以结合课程实施中学生的实际表现和反应做出评价。

5. 线路交通工具的适当与安全性

线路交通工具的选择既要考虑行程距离的远近，也要考虑课程的时间分配，更要考虑课程实施过程的安全性。

6. 食宿安排的特色、舒适、经济与安全性

对食宿情况的评价要从多个方面进行。在饮食方面，首先，要求安全卫生、营养可口，要保证学生获得足够的营养和热能；其次，要考察饮食的丰富性、多样化，要尽可能体现当地的饮食文化特点。在住宿方面，要考察是否经济、舒适和安全。

二、对课程设计的评价

对课程设计的评价应包括对课程整体的评价和对课程设计要素的评价。对课程整体的评价应该考察其作为一门课程的完整性、系统性和规范性；对课程设计要素的评价主要是考察课程目标、课程内容、课程实施及课程评价四个部分的设计是否符合研学旅行课程的设计要求。

1. 对课程整体的评价

（1）课程体系的完整性

一门完整的课程，必须有完整的课程结构，其主体部分必须包括课程目标、课程内容、课程实施和课程评价四个设计要素。课程评价的主要内容也是针对这些设计要素做出安排。

研学旅行课程由于其特殊性，除课程主体部分之外，还有其他必不可少的组成部分。比如安全防范措施、安全注意事项、应急预案等安全保障和安全教育内容，行前准备的物品准备单，各类通信联络信息等。在对课程进行评价时，这些内容是否设置规范，也是评价的重要方面。

（2）课程体系的系统性

作为课程的研学旅行，其学习资源之间应该具有系统性。各单元的学习资源在学习目标上应该具有相关性，而不是离散的、随意的、毫无关系的游览景点。课程设计时应围绕课程主题，挖掘各资源的主题相关性，各单元的主题应与课程的总主题形成层次关系。这应该是研学旅行课程和观光旅游活动计划的重要区别。

（3）课程体系的规范性

首先，课程的规范性要体现在课程结构的规范。课程目标、课程内容、课程实施和课程评价应该相互照应。课程目标是基础，课程内容、课程实施、课程评价均应围绕课程目标展开。其次，课程的规范性还应该体现在课程设计的内容上。有的课程设计随意地写一个课程目标，与课程内容、课程实施没有关系，这样的课程目标没有针对性，课程评价方案与课程的实施过程也不相对应，这样的课程是不规范的。

2. 对课程设计要素的评价

（1）对课程目标的评价

对课程目标设置的评价应该围绕目标设置的合理性、规范性、适切性展开。课程目标的合理性体现在：一是目标设置应依据国家对研学旅行课程的总体要求，对课程目标评价时要看是否体现了国家相关要求的主要指标；二是课程目标是否与课程内容相符合，是否能够通过课程内容得以实现。课程目标的规范性主要体现在课程目标的表达与陈述方面，要对目标陈述的规范性做出评价。课程目标的适切性主要是看课程目标是否符合学生的学段特点和年龄特点，过高和过低的目标要求都不能发挥课程目标的导向与评价作用。

（2）对课程内容的评价

对课程内容的评价，一方面要如前所述，从整体上对课程内容的系统性做出评价，另一方面还要就课程内容的选择、表达做出评价。在内容的选择方面，应该对课程内容所体现的教育性、适切性和多元性做出评价。在课程内容的表达方面，应对单元课程结构的规范性做出评价。

（3）对课程实施的评价

课程实施是课程实现的最主要设计要素。对课程实施的评价应着重评价课程实施的安全性、规范性、科学性和有效性。

课程实施安全性设计的评价，主要是评价安全专题讲座、安全防范措施、安全注意事项和安全应急预案等内容的科学性、合理性和可操作性，以及对这几种安全课程内容是否有清晰的界定。安全性评价可以依据在课程实施过程中对各类相关事件的实际应对情况，结合对线路规划的评价一起进行。

课程实施的规范性评价，应重点对在课程实施过程中研学导师对课程的理解和组织教学的情况进行评价，研学导师是不是履行了自己的教育引导和组织管理的职责，特别是在引导学生加深对课程的理解、开展相关的课题研究方面是否发挥了应有的作用。

课程实施的科学性评价，应重点评价线路规划中的有关要求在实际实施中是否符合预设目的，是否存在可以优化的空间。

课程实施的有效性评价一方面应该基于对课程实施所取得的成果进行

评价，另一方面也可以通过问卷调查的方式对学生进行直观感受的评价。

（4）对课程评价方案的评价

课程评价是课程设计的重要要素。课程评价方案设计的质量，对检验课程实施效果的可靠性有重要影响。对课程评价方案的评价应重点分析以下几个方面：

第一，评价内容的系统性。课程评价的系统性体现在是否建立了完善的评价指标体系，各项指标的内容和评价标准、评价方法、评价结果呈现方式是否明确。这些评价要素相互匹配、具体明确的评价方案才是系统的、规范的评价方案。

第二，评价量表的科学性。评价量表的科学性主要体现在与评价指标对应的评价标准或评价内容的界定上，相关的界定必须明确、具体、可操作，如果是量化评价量表，还必须明确具体行为相应的赋分标准。只有这些界定明确，量表才具有可操作性，这样的量表才是设计科学的评价量表。

第三，评价方法的适当性。要根据具体的学习资源和评价的目标确定评价的方法。有的评价项目适合量化评价，有的评价项目适合质性评价，在对课程评价方案进行评价时，要考察课程设计选择的预设评价方法是否适当。

第四节　对承办方工作的评价

对承办方工作的评价是主办方对课程实施过程和实施结果评价的重要组成部分。

一、对承办方工作评价的主要内容

1. 承办方履行合同义务的情况

对承办方的工作评价首先要对承办方履行合同义务的情况做出评价。这些合同义务主要有：

第一，学习计划的执行情况。研学旅行过程是不是按照协议的学习计划完成了所有学习单元的学习，如果有学习单元内容的调整，是不是属于不可控因素，调整之前是否征得了主办方领队的同意。

第二，交通工具的使用情况。交通工具是否符合协议规定的标准，是否更换了交通工具，所选交通工具是否安全可靠。

第三，食宿标准执行情况。

第四，研学旅行工作团队结构是否符合协议规定。团队是否按照协议要求配备了队医，是否按照要求配备了安全员，研学导师的数量和工作水平是否符合要求。

2. 承办方课程实施能力的情况

承办方的课程实施能力是课程实施效果的决定因素之一。这些能力主要表现在研学导师对课程内容的理解和熟悉程度，研学导师对研学旅行课程知识掌握的程度，研学导师对学生学习过程的指导能力，研学导师对课程教育意义的了解程度，以及研学导师对课程实施过程的组织能力。主办方可以从以上几个方面对承办方课程实施能力做出评价。

3. 承办方的管理服务的情况

承办方的管理服务工作包括对学生的管理与服务、与学校带队老师的协调与配合、对研学旅行供应方的协调与督导。对承办方管理服务情况的评价可以从这三个方面进行。

第一，对学生的管理与服务。承办方对学生首先有管理的职责，对学生在学习过程中的时间节点、纪律表现、行为表现有教育、约束和引导的义务。同时，承办方也必须为学生提供应有的服务，包括对学生出现的各种意外情况及时处理，比如证件遗失的处理、意外伤害和突发疾病的救治等。

第二，与学校带队教师的协调与配合。在课程实施过程中，学校带队教师有代表学校监督协议执行的责任，承办方的项目组长应及时就学生管理问题、线路计划的变更情况、课程实施的情况及时与学校带队教师进行交流，及时落实学校带队教师提出的问题。

第三，对供应方的协调与调度。供应方包括学习景点地接方、交通工具提供方、住宿酒店、餐饮提供方等。承办方对这些相关供应方调度与协调的情况体现承办方的工作经验和工作能力。

另外，对课程的评价结果也应作为对承办方评价结果的组成部分。如果承办方提供的课程不能满足合格课程的要求，承办方工作在最重要的评价指标上也就是不合格的。

二、对承办方评价结果的应用

对承办方的评价结果，一方面将作为双方合同最终完成的依据，另一方面将决定承办方是否有机会参与以后学校的研学旅行课程竞标。

1. 对承办方评价结果的使用

如果评价结果认定承办方完成了合同约定，则主办方应履行合同最终义务，退还承办方的合同保证金，合同终止。如果评价结果认定承办方有违约行为，则应按照合同的违约条款执行。如果双方对违约认定有异议，则应申请仲裁或走法律程序解决。

2. 对承办方评价结果的使用机制

第一，建立黑名单制。对于课程实施过程中学生意见较大、评价结果不合格的承办方，应列入黑名单，可以取消或限制其以后参与主办方举办的研学旅行竞标活动的资格。

第二，建立白名单制。对课程实施过程中学生满意度高、工作评价优秀的承办方，可以列入白名单，在学校以后的研学旅行课程竞标中给予优先权。

第三，长期合作机制。对连续几次课程实施中学生满意度高，工作评价优秀的承办方，学校可以建立长期合作机制，双方实行战略合作，共同组建课程研发和工作团队，发挥双方人力和资源优势，合作建设精品课程。

思 考 题

1. 研学旅行课程评价应该包括哪几个层次的问题？

2. 研学旅行课程评价应对哪些评价对象实施评价？

3. 课程评价通常有哪些价值取向？研学旅行课程评价应采用什么价值取向？

4. 依据泰勒的课程评价模式，研学旅行课程评价可以建立怎样的评价模式？

5. 如何依据课程成果类型建立评价指标体系？

6. 某小学要组织学生赴博物馆和科技馆开展为期一天的题为"从过去走向未来"的研学之旅。请你依据博物馆和科技馆的学习可能产生的学习成果类型，制订一份对学生学习结果的评价方案，方案中应该包括必要的评价量表。

7. 对研学旅行课程应该从哪些方面进行评价？

8. 对研学旅行线路规划的评价应该从哪些方面实施评价？

9. 如何评价研学旅行课程整体设计的情况？

10. 对于课程设计的四个基本要素应如何分别进行评价？

11. 对承办方工作情况的评价包括哪些内容？

12. 对承办方工作评价的结果如何使用？

研学旅行手册是在课程方案的基础上编制的用于指导课程教学团队和学生开展教学和学习，在研学旅行过程中作为课程和行程参考的工具，是课程设计方案的具体体现，是课程设计的产品。

一、研学旅行手册的设计原则

1. 研学旅行手册的设计要做到内容全面

手册内容应该包括课程简介和课程设计的四个要素，即课程目标、课程内容、课程实施和课程评价，这是手册的主体部分；除此之外，手册还可以以附件的形式给出安全注意事项和应急措施、行前准备用的物品备忘检查表、导师团队人员电话信息、学生小组成员电话信息、驻地医院和派出所联系信息。

2. 研学旅行手册的设计应图文并茂，形式新颖

在学习资源信息简介当中插入经典图片信息，使学生阅读学习更直观，增强趣味性和吸引力。

3. 过程性学习任务和课后作业能够引导学生深入学习

研学旅行手册可以设计留有余量的学习任务，供研学导师和学生选择使用。

4. 研学旅行手册的设计要方便实用

学生可以在手册上进行信息记录并完成作业，教师可以依据手册上学习任务的完成情况对学生进行学习成果的评价。

5. 研学旅行手册的设计要体现教育功能和特征

研学旅行手册有关概念的使用要规范，内容的设计要符合课程的基本原理。

二、研学旅行手册应包括的内容

研学旅行手册的设计，就是将课程设计的要求具体呈现的过程。研学旅行手册是课程设计方案的物化呈现，是课程设计的最终产品。规范的研学旅行手册应该包括以下内容：

1. 课程简介

课程简介应简略介绍课程各单元学习资源，阐明课程主题和各单元之间的系统性和层次性，说明对本课程学习的意义。

2. 课程总体目标

课程总体目标是课程在宏观层面上要实现的目标，可以依据国家对研学旅行课程的教育定位以及学生核心素养培养体系的相关指标分类确定。

3. 课程规划

课程规划是指本课程共规划设置了几个单元或模块，可以按照行程先后列出各单元的目录。单元名称要符合相关规范，最好能呈现单元的资源特征。

4. 行程规划

行程规划中应详细列出各学习单元、行程途中的时间节点，每一景点的参观游览时长，参观游览的集合地点，各段行程的交通工具类别及所乘车船班次和飞机航班号。

5. 课程实施

课程实施分单元陈述。每个单元的课程实施过程通过单元课程呈现。每个单元的课程设计可以参照第四章的相关要求，应包括：

（1）单元标题

（2）课程实施的具体地点

（3）课程时长

（4）本单元课程内容的相关学科

（5）本学习单元的具体课程目标

（6）课程实施方式

（7）课程资源详述

（8）过程性课程任务

（9）课后作业

（10）学生行为的即时性指导与评价

（11）本单元学习游览时的注意事项

6. 课程评价

课程评价部分要给出过程性评价和成果性评价的评价量表。

7. 学习成果

在研学手册中呈现的主要是研究报告、研学论文或研学活动总结等成果主件。高中生应完成研究报告，初中生可以完成研学论文，小学生可以写出研学活动总结或小作文。

8. 附件

为研学旅行课程的顺利实施提供保障的内容，可以在附件中呈现。主要包括：

（1）行前物品备忘检查表

（2）安全知识及安全应急预案

（3）重要信息

——通信录：包括学生电话、家长电话、研学导师与带队教师电话。

——课程实施地点最近派出所的相关信息。

——课程实施地点最近医院的相关信息。

三、研学旅行手册案例

"行走威海——山东海洋文化之旅（高中版）"是依据研学旅行课程设计理论研制的一份样例，意在呈现研学旅行手册的基本规范。此样例可以作为研学旅行课程设计人员的设计参考，也可以用于有关机构审核和评价招标课程设计规范性的参考样例。

案例详情见附录。

思　考　题

1. 研学旅行手册设计应该遵循哪些设计原则？

2. 研学旅行手册应该包括哪些基本内容？

3. 请你选一个自己熟悉的旅游景点，以该景点为研学旅行课程的一个学习单元，制作一份研学旅行手册。要明确该课程所面向的学生的学段。

附录：研学旅行手册案例

山东省中小学生研学手册

行走 威海

高中版

山东海洋文化之旅

学校：＿＿＿＿＿＿＿＿＿＿＿＿＿

班级：＿＿＿＿＿＿＿＿＿＿＿＿＿

姓名：＿＿＿＿＿＿＿＿＿＿＿＿＿

学号：＿＿＿＿＿＿＿＿＿＿＿＿＿

课程简介 》》

中国自古就缺少海洋的概念，中华文明大多数时间都是农业文明，信奉脚踏实地的理念，在地面上耕种，在地面上衣食住行，在地面上生老病死、婚丧嫁娶。当人口增长、资源匮乏、环境污染让陆地不堪重荷时，浩渺的海洋为人类的生存、发展提供了极具价值的战略空间。尤其是近代以来，随着经济全球化进程的推进，海洋愈来愈成为现代科技的"新战场"，要打造未来发展竞争新优势，必须加快向海洋进军，经略海洋。

威海市地处山东半岛最东端，三面环海，一面接陆，是一个海洋特色鲜明的城市。威海拥有近千公里海岸线，占全省的1/3、全国的1/18。可供养殖的浅海滩涂有300万亩（1亩=666.7平方米），海产品产量一直在200万吨以上，连续多年居全国地级市首位，是海参、鲍鱼、对虾、海带、扇贝和名贵鱼类的重要产区；拥有岬湾30多个，适合造船的近10个；拥有17个商用港口，其中国家一类开放港口3个。

威海还是一个历史比较悠久的城市。公元1398年，为防倭寇入侵，明朝在这里设卫屯兵，取"威震海疆"之意，始称威海卫。1888年，清朝政府在刘公岛建立了中国近代第一支海军——北洋水师。1898年，威海卫与香港新界一起被英国强租，成为闻一多先生笔下的"七子"之一。1930年中国收回威海卫，设威海卫特别行政区。1945年威海卫解放后，根据山东省政府命令成立威海卫市，1951年改称威海市。1987年6月，经国务院批准设为地级市。现辖荣成市、文登区、乳山市、环翠区和火炬高技术产业开发区、临港经济技术开发区、进出口加工保税区、南海新区。全市总面积5 797.74平方千米，2017年年底常住总人口282.56万人。

威海是一个滨海旅游城市，旅游资源丰富，名胜古迹众多，近千公里海岸线上，海、滩、湾、岛、山、泉俱佳，有旅游景区（点）80多处，有5A级景区刘公岛，以及成山头、石岛赤山、乳山银滩、大乳山滨海旅游度假区、天沐温泉度假区等多家4A级景区。优美的自然风光与深厚的人文历史，共同铸就了威海这颗璀璨的滨海明珠。

课程总体目标 ≫

1. 知识拓展

（1）从多角度全面感知海洋文化，学习海洋知识，了解海洋经济，增强海洋意识。

（2）结合所学习的课程内容，查阅国家海洋经济战略的相关信息，了解海洋在国家未来发展战略中的地位。

（3）收集当地气候和海洋环境信息，了解海洋气候特点、地理特点和产业特点。

2. 问题解决

（1）选择自己认为有研究价值的问题作为研学课题，在研学旅行过程中开展课题研究，在实践中学习课题研究的基本方法和基本规范，学会综合运用知识分析问题，用科学方法开展研究，增强解决实际问题的能力。能及时对研究过程及研究结果进行审视、反思并优化调整，建构基于证据的、具有说服力的解释，形成比较规范的研究报告或其他形式的研究成果。

（2）在研学旅行课程中，学会交流、合作、沟通，提高人际交往及信息表达能力。

（3）能够运用所学到的知识思考和分析当地的环境、文化及经济产业发展问题，提高学以致用的能力。

3. 价值体认

（1）通过学习，体验海洋文化和内陆文化的差异，了解齐鲁文化的多元性和统一性，增强对家乡文化的理解，提高对传统文化的认知和认同。

（2）结合海洋经济产业发展知识和国家发展战略，思考自己未来的职业规划是否会与海洋相关，思考自己的人生规划和职业规划如何与国家的发展战略相结合。

（3）海洋文化是对外交流的文化，结合所掌握的知识和信息，进一步理解我国"一带一路"倡议的重大意义，开拓国际视野，增强国家和民族自豪感。

4. 责任担当

（1）收集当地海洋生态信息，了解有关海洋环境保护和海洋产业保护的相关知识，增强海洋环境保护意识，提出关于海洋保护的见解。

（2）了解当地渔业、渔村发展历史，提高对古村落和海草房的历史和文化价值的理解，为古村落和海草房的保护和开发提供合理化建议。

（3）深刻理解当地的红色文化和历史文化，增强文化传承的责任意识。

（4）结合国家"一带一路"倡议，思考山东半岛应如何借力"一带一路"，规划未来发展蓝图。

课程规划 》》

第一单元　海洋军事文化——刘公岛

第二单元　海洋红色文化——郭永怀纪念馆　伟德将军碑廊

第三单元　海洋科技文化——XXX海洋牧场课程实践

第四单元　海洋体育文化——XX海上运动训练基地

第五单元　海洋民俗文化——海草房　民俗博物馆

行程规划 》》

日期	行程安排	时间安排	课程内容
第1天	刘公岛	8:00酒店门前集合，乘坐大巴车至码头，然后换乘轮渡前往刘公岛 8:45检票进入景区 11:30景区正门出口处集合	集体参观甲午战争纪念馆，北洋海军提督署，丁汝昌纪念馆，威海水师学堂，铁码头，炮台，博览园区，然后游览森林公园
第2天			
第3天			
第4天			
第5天			

课程实施 》》

第一单元　海洋军事文化——刘公岛

　　发生在一百多年前的甲午中日战争，是几代中国人心头一道抹不去的伤痕和耻辱。在此中国输掉的不仅是一场战争，也输掉了国运，输掉了希望，输掉了本该生存与发展的一个世纪。作为中国第一支近代海军——北洋海军的诞生地、甲午海战决战地和英国近半个世纪的军事租借地，刘公岛既留下了中国追赶世界的深刻足迹，也见证了中国自强梦碎的千古悲剧，承载着中华民族最深沉的民族情感、最执着的复兴追求。历

史是不能遗忘的，透过黄海海面弥漫的历史硝烟，矢志实现中华民族伟大复兴中国梦的中国人，不能不从这场攸关民族命运的战争中，生发几多感慨，获得几多启悟、几多忧思、几多警示……透过刘公岛，我们看到的不应仅是过去，更多的应是未来。

一、 课程实施地点　**威海市刘公岛**

二、 课程时长　**半天**

三、 课程相关学科　**语文、历史、地理**

四、 课程单元目标

知识与能力：熟悉刘公岛地理位置，了解甲午海战的背景、过程和历史影响。

过程与方法：以小组为单位交流研讨甲午海战战败的原因，讨论今天的中国应从中吸取什么历史教训。

情感态度与价值观：通过学习，感受近代以来国家由于落后带来的民族耻辱，以及当前国家崛起所带来的民族自豪感，思考我们每个人应该在民族复兴的历史进程中如何做出自己的贡献。

五、 课程实施方式　以小组为单位参观，晚上以小组为
单位交流研讨。

六、 单元课程资源与
过程性学习任务

学习资源1：刘公岛

刘公岛位于威海湾口，距市区旅游码头2.1海里（1海里=1.852千米），乘船20分钟可到达。它面临黄海，背接威海湾，素有"东隅屏藩""海上桃源"和"不沉的战舰"之称。

刘公岛东西长4.08千米，南北最宽1.5千米，最窄0.06千米，海岸线长14.95千米，面积3.15平方千米，最高处海拔153.5米。全岛植被茂密，郁郁葱葱，以黑松为主。

刘公岛为温带季风气候，四季变化及季风进退明显，但由于三面环海，地形复杂，形成了明显的地区性差异。刘公岛与相同纬度的内陆地区相比，具有冬温、夏凉、春冷、秋暖及温差小、风大、雾多、雨水充沛等特征。刘公岛自然风光优美，素有"海上仙山"和"世外桃源"的美誉。岛上峰峦叠起，植被茂密，远望松涛翠柏，郁郁葱葱；近观鹿群结队，鸟语花香，森林覆盖率达85%。岛上地势北高南低，北坡海蚀崖直立陡峭，如刀削斧劈；南坡海滩绵延，水清沙洁。岛上气候宜人，是避暑、度假、疗养的理想之地。刘公岛风景区年均气温为12.6℃，由于受海洋影响，夏季气温较内陆低，平均温度24℃。年降水量940～1 073.7毫米，是威海市最湿润的地区。这里冬无严寒，夏无酷暑，最佳旅游时间为夏秋两季。

过程性学习任务1

观察刘公岛的地形，查看刘公岛在地图上所处的位置，想一下为什么刘公岛被称为"不沉的战舰"？

_____

_____

_____

_____

学习资源2：中国甲午战争博物馆陈列馆

中国甲午战争博物馆陈列馆是一座全面展示中日甲午战争历史的综合性展馆。该馆占地面积10 000多平方米，建筑面积8 800平方米。主体建筑由著名的建筑设计大师、中科院院士彭一刚教授设计。该建筑构思大胆，造型独特，创造性地将象征北洋海军舰船的主体建筑与巍然矗立的北洋海军将领塑像融为一体，被誉为"20世纪中华百年建筑经典"。

该馆以《国殇·1894—1895——甲午战争史实展》为基本陈列，共展出珍贵甲午战争历史图片650多幅，复制了大量甲午战争时期的武器装备，还原再现了多个超写实人物塑像场景，如"金州曲氏一家投井场景""李鸿章在马关谈判场景"等。该馆开辟了国内首个"黄海海战"3D影视厅，声光电与多媒体复合再现"威海卫保卫战"震撼人心的战争场面。此外，该馆还有大量反映甲午战争的巨幅油画和巨型雕塑。整个展馆分为"序厅""甲午战前的中国和日本""甲午战争""深渊与抗争""尾厅"五个部分。该馆陈列展览内容由国内著名的鲁

迅美术学院艺术装饰工程总公司高水准设计、制作，综合运用了先进的陈列展示手段，代表了当今陈列馆展览的最高水平，融真实性、可观性、参与性、趣味性于一体，极具视觉冲击力、精神震撼力和感染力。

刘公岛不仅是中日甲午战争纪念地，还是爱国主义教育基地。现在仍然有许多海军在那里训练。

过程性学习任务2

观看完3D影片《威海卫保卫战》，你有一种什么样的心情？

_____

_____

_____

_____

学习资源3：北洋海军提督署

北洋海军提督署建于1887年，占地17 000平方米，又称"水师衙门"，是北洋海军的指挥中心。当年北洋海军提督丁汝昌就在这里谋划指挥军事事宜。

　　北洋海军提督署系清代砖木举架结构建筑，古朴典雅，稳重大方。整体建筑按中轴线建前、中、后三进院落，每进有中厅、东西侧厅和东西厢房。前、中、后院中厅分别为礼仪厅、议事厅、祭祀厅。各厅厢院落廊庑相接，雕梁画栋，结构严整。院内东南角有演武厅一座，其建筑融中西风格于一体，屋宇高阔，厅内宽广，内有挑檐式舞台一座。1891年，直隶总督兼北洋大臣李鸿章到威海卫巡阅北洋海军，曾在此处观礼，并在厅前检阅舰队操演。

　　北洋海军提督署正面大门上方，悬挂李鸿章题"海军公所"匾额。两侧边门，分别绘有秦琼、敬德神像，描金点漆，肃穆威严。大门外东西两侧各置乐亭一座，为庆典、迎宾的鸣金奏乐之所。乐亭前面，建有东西辕门，样式恰似古典牌楼。门前广场对称竖立旗杆两支，青龙军旗迎风猎猎，颇壮军威。西辕门以西20米处，建二层瞭望楼一座，登楼远眺，港内舰船活动尽收眼底。

过程性学习任务3

北洋海军提督署给你什么启示？你如何看待李鸿章的历史地位？

_____

_____

_____

_____

_____

学习资源4：龙王庙

　　龙王庙是清代建筑，占地近1 700平方米。整个建筑古朴典雅，美观大方，有前后殿，东西厢房，均为举架木砖结构，正殿中间塑有龙王像，神气活现，左右站列龟丞相和巡海夜叉。两边墙壁绘有古代传说故事壁画，形象逼真。东厢房陈列两块石碑，分别题刻"柔远安迩"和"治军爱民"碑文，均为光绪十六年（公元1890年）刘公岛绅商为丁汝昌和张文宣所

立。旧时，每年的农历正
月初一或六月十三龙王生
日这天，岛里岛外的渔民
纷纷进香跪拜，祈求龙王
保佑海上平安。甲午海战
前，凡过往船只要在岛上
停靠，皆来此拈香祈福，
北洋海军也信奉龙王，一

时香火旺盛。丁汝昌殉国后，其灵柩曾停放于此，后来岛上居民在庙内设
其牌位，四时祭祀，所以龙王庙又名"丁公祠"。

过程性学习任务4

在海洋文化中龙王有重要的地位，龙王庙是沿海地区分布最广的庙
宇，结合此处参观得到的知识，你如何看待龙王的文化地位？

_____

_____

_____

_____

学习资源5：丁汝昌纪念馆

丁汝昌纪念馆原为丁汝
昌寓所，建于1888年，北洋
海军成军后，丁汝昌携家眷
进居刘公岛，在此居住达六
年之久。

该建筑为砖石结构，由

左、中、右三套院落组成，占地约15 000平方米。西院为内寓，东院为侍从住房，中院为丁汝昌办公会客的地方。中院与东、西院有圆门相通，如今陈列着丁汝昌生前用过的部分家什、字画，院内有一株百年紫藤，是丁汝昌亲手所植，至今仍根深叶茂。大门两侧为门房，如今是介绍丁汝昌生平的展室。寓所门前，矗立着高3.8米的丁汝昌铜像一尊。东西两侧建有红柱飞檐的六棱形凉亭。

过程性学习任务5

你如何看待丁汝昌在甲午战争中的作用？

_____

_____

_____

_____

学习资源6：威海水师学堂、铁码头、炮台

威海水师学堂

威海水师学堂建于清光绪十六年（公元1890年），占地约20 000平方米，现存有东西辕门、照壁、蝶墙、小戏台和马厩等，这是目前国内唯一一处有迹可循的水师学堂。当时，水师学堂总办由提督丁汝昌兼领。1889年冬，从上海、福建、广东等地招收学生36名，另有10名学生附学，共46名。1890年5月，学堂开始授课，课程设有英文、

几何、代数、驾驶、天文等，并配有敏捷、康济、威远、海镜四艘练船，供教学用。水师学堂共开办四年，一届毕业30名驾驶生。中日甲午战争后，刘公岛陷落，水师学堂也毁于战火。2004年6月，威海水师学堂修复开放。

铁码头

铁码头是北洋海军舰艇的停泊之所，由道员龚照玙主持设计建造，1891年竣工。铁码头墩桩用厚铁板钉成方柱，径四五尺，长五六丈，中间灌入水泥，凝结如石，直入海底，涨潮时可停靠万吨轮船。甲午战争后，码头虽然几经维修改造，但基本维持原貌。1971年，在原来的基础上又增建了突堤"丁"字形引桥，至今仍为人民海军使用。

炮 台

刘公岛上有清代炮台6座，分别位于黄岛、麻井子、旗顶山、迎门洞、东泓、南嘴，与南北两岸炮台遥相呼应，均由德国人汉纳根设计。除炮台外，还建有与之配套的地下通道、兵舍、弹药库等，并相互贯通。炮台使用花岗岩砌筑、水泥灌浆，施工严谨，造型巧妙，坚固实用。其工程规模之浩大，结构之复杂，令人赞叹。

过程性学习任务6

结合对水师学堂、铁码头、炮台的参观学习，你认为以李鸿章为代表的北洋海军做了哪些战备工作？这些工作是否充分？

_____

_____

_____

_____

学习资源7：刘公岛博览园

刘公岛博览园是刘公岛管委会兴建的一处融历史文化与影视科技于一体，集古典建筑与园林艺术于一身，汇甲午风云、英租历史、刘公文化、海权文化、海洋文化于一园的综合性景观，占地面积5万平方米，建筑面积1万多平方米，包括刘公文化区、民俗文化区、甲午文化区、海权文化区、英租文化区、海洋文化区六大展区，因其展示内容广博而得名博览园。

过程性学习任务7

在刘公岛博览园展示的六大文化中给你印象最深的是什么？你认为山东海洋文化的主要特征有哪些？海洋文化在齐鲁文化中有什么重要意义？

_____

_____

_____

_____

七、 课后作业

1. 古代中国航海技术在人类社会发展中做出了哪些贡献？明清对海洋事业推行怎样的政策？对中国造成了怎样的影响？

_____

_____

_____

_____

2. "唤起吾国千年之大梦，实自甲午一役始也。"——梁启超，甲午战争给中国带来哪些影响？

_____

_____

_____

_____

3. 当代诗人陈运和在《刘公岛》中写道："一艘永不沉没的军舰，经过滚滚的甲午战争，疾驰行进。甲板上站着中国近代史，曾一度威风凛凛，站着丁汝昌，站着邓世昌，站着中华民族不屈的精神。刘公岛，腐败社会的见证，刘公岛，一代英烈的化身。"阅读下列材料，结合你在学习过程中的感想和感悟，分析甲午战败的原因。

材料1 1893年，甲午战争前一年，大清总共挪用海军军费白银1 400万两，用于修建颐和园庆典工程，以致北洋水师连更换装备的钱都没有；日本明治天皇却下令每年从皇室经费中挤出30万元作为海军补助费，各级官员从薪金中抽出十分之一上交国库，用于制造军舰，并发动全民捐款，买下"吉野"号巡洋舰。明治皇太后甚至把仅有的几件首饰都捐献出来。

　　材料2　北洋水师和日本舰队在吨位上一直保持7 000～9 000吨的差距，日军火力是北洋水师3～5倍。再看炮弹，北洋水师使用天津机器局生产的炮弹多不合格，海战中，原本每艘备弹200发的"定远"舰、"镇远"舰只有100多发备弹，战至最后弹药告竭。而炮径特殊的"平远"舰巨炮只有区区35发实心炮弹（战斗中消耗10发），这门仅次于"定远"舰、"镇远"舰主炮的260毫米巨炮因为炮弹问题几乎没有发挥威力。战后查出的北洋水师库房存储弹药则是完全不符合口径准备退货的报废品，北洋水师是"饿着肚子去打仗的"。

　　北洋水师用以发射弹头的发射药，采用粟色火药，燃烧时温度过高，容易烧蚀炮膛，而且燃烧后产生的火药残渣附着在膛线上不易清除，每次发射后都需要花费很长时间来清洁炮膛。另外，火药燃烧时还会产生大量刺鼻的白色浓烟，发射后必须等待浓烟散尽才能重新瞄准、发射。受这些因素制约，在海战时，北洋水师旧式火炮本就不快的射速更显滞涩。

　　日本海军速射炮的发射药采用无烟药。爆炸后不会出现弥漫的烟雾，当北洋炮手苦于发射后的浓烟而无法立即瞄准的时候，发射速度快很多的日本速射炮手却没有这方面的困扰，这使双方射速差距进一步拉大。

　　而且，日本的"吉野"等舰已经装备了早期的观瞄系统——武式测距仪。北洋水师还在使用原始的人工测距的方式。

　　材料3　劣质碎煤充数致使北洋舰队在海上冒着浓重的黑烟，过早被日舰发现而遗失战机。北洋水师的燃料煤由官办开平矿务局供应，开平矿务局所供的煤分几个等级，其中"五槽煤"质量最佳，属无烟煤，也正是军舰所应使用的煤。最差的是"八槽煤"，燃烧率低且浓烟滚滚，军舰使用这种劣质煤不仅跑不快而且还会缩短锅炉的寿命。北洋水师后期军费严重短缺，就连弹药补给都跟不上，别说是煤了。北洋水师买煤往往不是现钱且价格很低，但是同样的无烟煤卖给外商利润却要翻上几番，有了这样的利益驱使，李鸿章也无能为力，原因就是开平矿务局有他的股份。

_____

_____

_____

_____

 八、 **本单元学习 注意事项**

1. 乘坐渡轮遵守秩序，不得在船上打闹。

2. 注意保管好随身物品，以免遗失到海中。

3. 在展馆内参观学习时要保持安静，不得喧哗。

4. 紧跟本组讲解员，认真听讲，如有疑问可以在讲解员讲解间歇时提出。

5. 参观过程中紧跟导游旗，分散游览时务必牢记集合时间和集合地点。

6. 严禁翻越设置禁止标志的护栏和隔离带。

第二单元

....

....

第三单元

....

....

评价方案 》》

1. 过程性评价

过程性评价分为学生评价和教师评价两部分，学生评价表置于研学手册本单元内，教师评价表在随队导师处。

过程性评价表

评价类别	评价等级	单元课程自我评定				
		第1天	第2天	第3天	第4天	第5天
考勤情况	A. 从未迟到　　　　　B. 一次集合迟到 C. 两次集合迟到　　　D. 经常集合迟到					
乘坐交通工具纪律	A. 遵守纪律　　　　　B. 偶尔不听指挥 C. 经常不听指挥　　　D. 影响整个团队进程					
研学课堂纪律	A. 遵守纪律　　　　　B. 偶尔不听指挥 C. 经常不听指挥　　　D. 影响整个团队进程					
听讲情况	A. 能积极主动听讲　　B. 需提醒后完成 C. 听讲不积极　　　　D. 基本不参与					
发言讨论	A. 能积极主动发言　　B. 偶尔主动发言 C. 被动发言　　　　　D. 不配合发言					
就餐礼仪	A. 排队打饭，不挑食　　B. 插队打饭 C. 经常插队打饭，挑食　D. 只吃零食					
团队合作	A. 互帮互助　　　　　B. 与同学沟通不多 C. 不愿意沟通　　　　D. 以自我为中心					
礼貌修养	A. 尊重他人 B. 个人行为举止需提高 C. 漠视他人，不礼貌 D. 说脏话，不尊重他人					
环保	A. 主动捡拾垃圾 B. 不乱丢垃圾 C. 乱丢垃圾 D. 乱丢垃圾，提醒后不捡拾					
研学记录思考	A. 主动且认真记录　　B. 需提醒后记录 C. 书写潦草　　　　　D. 不认真记录					

（续表）

评价类别	评价等级	单元课程自我评定				
		第1天	第2天	第3天	第4天	第5天
作业完成	A. 内容丰富，书写认真 B. 感悟不深，书写认真 C. 内容简单，书写一般 D. 内容不完整，书写潦草					
评价等级数量统计						
自我评定 等级	A. 优秀　B. 良好　C. 合格　D. 不合格					
教师总评 等级	A. 优秀　B. 良好　C. 合格　D. 不合格			签字		

教师评价表格

学号	姓名	时间	事项	处理方式	结果反馈

2. 成果性评价

成果性评价由研学导师完成，以质性评价方式为主。

成果性评价表

一级指标	二级指标	评价内容	评价结果			
			优秀	良好	合格	不合格
过程性学习任务	信息记录	听讲笔记、观察记录、探究数据				
	体验感悟	学习过程中的体验和即时感悟记录				
	反思应用	对学习内容的反思和启示				
课后作业	规范性	书写、语言表达的规范程度				
	科学性	知识运用的准确性和问题分析的逻辑性				
	创新性	观点和见解的独特性和创新性				
	完整性	问题解析的系统性和完整性				
文本成果	规范性	书写、语言表达的规范程度				
	科学性	知识运用的准确性和问题分析的逻辑性				
	创新性	观点和见解的独特性和创新性				
	完整性	问题解析的系统性和完整性				
影像成果	思想性	影像成果的主题内涵所表达的思想价值				
	艺术性	成果所体现的影像艺术与技术价值				
	创新性	成果在艺术、技术和思想价值方面所表现的独特性和创新性				
制作成果	思想性	制作成果的主题内涵所表达的思想价值				
	艺术性	成果所体现的影像艺术价值				
	技术性	成果所表现的制作技术与工艺、技法水平				
	创新性	成果在艺术、技术和思想价值方面所表现的独特性和创新性				
总体评价结果						

学习成果 》

　　依据研学旅行过程中的学习和探究结果，撰写研究报告。研究报告可以打印后粘贴在此处。

附 件 >>

一、安全知识及安全应急预案

（一）安全注意事项

1. 记住带队老师电话，听从安排，遭遇困难或紧急情况，随时联系带队老师。

2. 未经带队老师许可，不得擅自离队。

3. 牢记集合时间和集合地点，不迟到。

4. 自我保护，主动远离危险区域。

5. 未经老师允许，不得擅自下海。

6. 乘车乘船听从安排，遵守秩序，车辆行进期间不要离开座位，不得在船上随意走动。

7. 保管好自己随身携带的贵重物品和现金。

8. 绝不跟随陌生人离开团队，发现同伴离队，马上向带队老师报告。

（二）住宿注意事项

1. 领队老师分发房卡后，记住自己的房号及室友的联系电话，带好房卡，丢失要赔偿。

2. 记住领队老师和辅导员老师的房号和电话。

3. 休息前，务必落实集合的准确时间和地点。

4. 检查房间内的设施是否可以正常使用，床单被褥是否干净。

5. 老师查房后，禁止串门，不要影响他人休息。

6. 入住安排的房间不得自行调换。

7. 按规定时间就寝，熄灯后不打扰同伴。

8. 按规定时间起床，保证按时出行。

9. 退房时，千万记住检查自己所有的物品，防止遗忘。

（三）应急措施

● **防溺水安全知识**

1. 严禁私自下海游泳，严禁跨越护栏捕捉鱼虾蟹贝。

2. 乘船时必须要坐好，不要在船上乱跑，或在船舷边洗手、洗脚，尤其是乘小船时不要摇晃，也不要超重，以免小船掀翻或下沉。

3. 乘船时，一旦遇到特殊情况，一定要保持镇静，听从船上工作人员的指挥，不要轻率跳水。如果出现有人溺水，更不要贸然下水营救。

4. 如果不慎滑落水中，应吸足气，拍打着水，大声地呼救，当有人来救助的时候应该身体放松，让救助的人托住腰部。

5. 随身物品掉入水中时不要急着去捞，而应找专业人员来帮忙。

● **火灾应急避险**

1. 发生火灾时要迅速逃生，不要贪恋财物。

2. 将衣服、被褥等浸湿，披在身上，从安全出口冲出去。

3. 已有浓烟时要捂鼻、蹲下、手扶墙。

4. 如果身上着火，千万不要奔跑，可就地打滚或用厚重衣物压灭火苗。

5. 发生火灾时不可乘坐电梯，要从安全出口逃生。

● **集体踩踏事件应急避险**

1. 在拥挤的人群中，尽量走在人流的边缘。

2. 发觉拥挤的人群向自己行走的方向来时，应立即避到一旁，不要慌乱，避免摔倒。

3. 顺着人流走，切不可逆着人流方向前进，否则很容易被人流推倒。

4. 假如陷入拥挤的人流，一定要先站稳，身体不要倾斜，即使鞋子被踩掉，也不要弯腰捡鞋子或系鞋带。

5. 在人群骚动时，注意脚下，千万不能被绊倒，避免自己成为拥挤踩踏事件的诱发因素。

6. 发现自己面前的人突然摔倒时，要马上停下脚步，同时大声呼救，告知后面的人不要向前靠近，及时分流疏散拥挤人群。

二、行前物品备忘检查表

物品准备清单

证件

身份证/户口本	原件：请学员们随身携带并保管好自己的身份证或户口本原件，以备乘车及入住时检查。
	复印件：请每位学员自行准备一份身份证/户口本复印件并交给老师。
	拍照留存：建议学员拍照留存身份证或户口本照片以备不时之需。
学生证	有学生证的带好自己的学生证。

学习用品

中性笔	行程中要时刻准备一支中性笔。
研学手册	研学手册是重要的学习资料，过程性学习任务和作业均需要在研学手册上完成。

日常用品

洗漱用品	建议学员根据自己的习惯自带洗漱用品。
雨具	带好雨伞/雨衣等雨具，以便阴雨天气使用。
手机相机	如学员携带了手机或者相机等贵重物品，请妥善保管。
水杯	为方便学员喝热水，请自备水杯。

衣物

防晒衣	由于气温较高，紫外线较强，建议带好防晒衣。
运动鞋	由于每天都会有很多课程，运动量较大，建议学员穿舒适的运动鞋，并多带一双。
贴身衣物	建议学员带2~3套贴身衣物，便于换洗。
收纳袋	由于部分课程时间较长，建议带2~3个衣物袋，以便行程中将脏衣服与干净衣物分开，保持个人卫生。
拖鞋/凉鞋	在海滩活动时需要带防水的拖鞋或凉鞋。

医药

长期药品	有特殊病史的学员，如低血糖、哮喘、心脏病等，请带好自己长期服用的药品，并把自己的情况提前告知老师。
常备药品	每车都会准备晕车药、基本感冒药等常用药品，建议自备一些常用的止泻药、胃药以及治疗跌打损伤的药，可根据自己的情况自备药品。

其他

背包	建议学员每人带一个双肩背包，方便放手机、相机、水杯、生活用品、证件等私人物品。
少量现金	行程中的食、住、行都是没有额外费用的，建议带少量现金方便自己使用。

物品准备检查单

物品名称	是否准备	物品名称	是否准备
身份证/户口本		牙刷、牙膏	
学生证		纸巾、湿巾	
背包		毛巾	
手机		梳子	
相机		洗发水	
充电宝		香皂	
充电线		拖鞋	
钱包		运动鞋	
研学手册		袜子	
中性笔		换洗衣物	
日记本		收纳袋	
花露水		帽子	
水杯		雨具	
药品		防晒衣、防晒霜	

三、重要信息

1. 团队负责人联系电话

职务	姓名	联系电话
带队老师		
指导教师		
指导教师		
指导教师		
辅导员		
司机		
紧急联系人		

2. 小组成员联系电话

姓名	联系电话	姓名	联系电话

3. 相关医院信息

地点	医院名称	医院地址	联系电话

4. 相关派出所信息

地点	派出所名称	派出所地址	联系电话
紧急联系人：			

后　记

　　2008—2012年，我在学校负责校本课程和研究性学习活动的教学管理，由于工作需要，对研究性学习做了一些学习和研究。2012—2017年，我在济南市教科所（后与济南市教研室合并为济南市教育教学研究院）交流工作以及在山东省教育科学研究院做访问学者期间，又参与了一些学校的课改方案和研究课题的论证工作，其中有一些就涉及综合实践活动课程。也正因此，我对研学旅行也一直在关注。

　　2013年，国务院颁布《国民旅游休闲纲要（2013—2020年）》，提出在中小学逐步推行研学旅行，当时我意识到这必将是我国基础教育改革的又一个重要领域。2016年11月，教育部等11部门发布《关于推进中小学生研学旅行的意见》，这成为研学旅行工作的一个分水岭，研学旅行由此纳入中小学课程体系，成为学校教育绕不开的刚需。进入2017年后，国家相关部门又相继出台了《研学旅行服务规范》《中小学德育工作指南》和《中小学综合实践活动课程指导纲要》等与研学旅行工作密切相关的文件，对研学旅行教学工作提出了具体规范。2017年12月，《教育部办公厅关于公布第一批全国中小学生研学实践教育基地、营地名单的通知》发布。在政策推动下，从事研学旅行工作的机构如雨后春笋涌现，学校研学旅行教育也取得了突破性进展。各种与研学旅行相关的论坛和研讨会也遍地开花。但是研学旅行的学术研究却没有取得实质性进展，研学旅行的课程应该如何设计和开发，研学旅行与观光旅行有何区别，很多从事研学旅行工作的人员感到越来越迷茫。从实践情况来看，当前研学旅行工作还存在不少问题：研学旅行浮于表面，内涵不足，研学旅行课程设计缺乏专业性，课程实施不规范，课程评价不够科学。在和一些业内人士交流的过程中，他们也表示亟需专业指导。我意识到，有必要从课程论的角度，对研学旅行教育做一些探索，以期给学校和相关从业人员提供一些启发和指导。

2018年7月，济南一中第一次组织学生研学旅行。根据学校工作需要，我作为带队教师参加了"丝绸之路"研学旅行，全面考察了研学旅行的现状。该线路的承办方是一家知名旅行社，应该说，该旅行社在旅游组织方面确实经验丰富，相关工作人员也很敬业，确实在现有的条件下对研学旅行工作做了一些研究和实践。但是，从课程实施的层面来看，仍然有很多专业问题没有解决，课程实施的效果也就必然受到影响。

于是我觉得应该在研学旅行课程的理论与实践方面做一点研究。由此，我开始了这套书的写作工作。

为满足学术研究和实践工作需要，我制订了《研学旅行课程概论》和《研学旅行工作导案》两书的写作计划，就是现在大家看到的这两本小书。前者侧重于从课程的角度对研学旅行工作进行学术研究，以课程要素为写作主线，就基于课程原理的研学旅行课程设计做了一些探索；后者侧重于对研学旅行工作实践的具体指导，是以研学旅行工作流程为主线，按照工作的先后顺序，从研学旅行招投标到行后课程和工作总结，就各个环节的工作流程和技术规范提供了一些思路和借鉴。

本套书可以作为高等院校旅游专业、社会体育和休闲体育专业的教学用书，也可以作为中小学教师和研学旅行从业人员的培训用书。

真正开始写作后，我才发现，工作远比想象的更加艰难。最主要的困难是缺少可以参考的资料。所以书中观点和方法主要是笔者基于课程理论对实践工作进行的反思和研究，以及对实践工作经验进行总结和提炼的结果。正因如此，加之时间仓促，书中的内容和观点，难免有不当甚至错误之处，期待得到业界同仁指正。

　　诚如山东省教育科学研究院申培轩院长在本书的序言中所说的那样，
"研学旅行是社会性、历史性实践，其系统研究、运行探索绝不是个体学
者所能为"。申院长还从更大视野的角度提醒，切忌陷入把研学旅行仅仅
缩在一门课程视野之内，无疑是给研学旅行学术研究指出了创新的方向和
更高站位。本书谨从课程原理的角度对研学旅行的理论与实践研究进行尝
试和探索，旨在给当前的研学旅行从业人员一些指导和借鉴，也是抛砖引
玉，期待业界专家推出更优秀的学术专著，以规范和促进研学旅行的学术
研究和教育实施工作。

　　申培轩院长在百忙之中欣然为本书作序，是对我的极大鼓励，在此对
申院长表示衷心的感谢！在本书的写作和出版过程中，山东省教育科学研
究院李文军副院长、山东教育出版社范增民副总编给予了无私的指导和帮
助，我的老朋友中国职业安全健康协会户外教育安全分会会长、中国定向
运动协会拓展与露营委员会主任吴军生先生提供了宝贵的意见，责任编辑
刘世贵、张达老师对本书付出了辛勤的劳动，我的同事周亚婷老师和李忠
文老师在繁忙的教学工作之余帮我校阅了全部书稿，在此一并表示感谢！

彭其斌

2018年10月